Wirtschafts- und Betriebslehre

Unterricht mit Anforderungs- und Lernsituationen

Arbeitsheft

Autoren
Peter Nabholz
Wilhelm Overkamp

Ernst Klett Verlag
Stuttgart · Leipzig

Bildquellennachweis

Cover.links Avenue Images GmbH (Jakob Fridholm), Hamburg; **Cover.rechts** Avenue Images GmbH (Monty Rakusen), Hamburg; **7.o.** Felix Mussil, Frankfurt; **7.u.** Picture-Alliance (dpa-infografik), Frankfurt; **8** Tengelmann Warenhandelsgesellschaft KG, Mülheim an der Ruhr; **13.o.** Imago (Lem), Berlin; **13.u.** shutterstock.com (Dean Kerr), New York, NY; **19** Borgers AG, Bocholt; **27** Picture-Alliance (dpa-infografik), Frankfurt; **28** Picture-Alliance (dpa/Heinz von Heydenaber), Frankfurt; **30** Imago (HR Schulz), Berlin; **33** Imago (Action Pictures), Berlin; **336** Avenue Images GmbH, Hamburg; **38** Picture-Alliance (dpa-Themendienst/Jens Schierenbeck), Frankfurt; **44** Intro (Stefan Kiefer), Berlin; **47** Picture-Alliance (dpa-infografik), Frankfurt; **54** Picture-Alliance (dpa/Patrick Seeger), Frankfurt; **59** Action Press GmbH (Jochen Zick), Hamburg; **61** Imago (Olaf Döring), Berlin; **65** Blickwinkel (M. Lohmann), Witten; **70** Picture-Alliance (Zentralbild), Frankfurt; **72** Imago (Petra Schneider), Berlin; **78** Imago (imagebroker/Begsteiger), Berlin; **80** Imago (Bonn-Sequenz), Berlin; **81** Picture-Alliance (dpa-infografik), Frankfurt; **82** Picture-Alliance (ZB/Matthias Hiekel), Frankfurt; **84** Peter Leger, Haus der Geschichte, Bonn; **86.a** Fotolia.com (T. Michel), New York; **86.b**; **86.c**; **86.i** Fotolia.com (LaCatrina), New York; **86.d**; **86.g**; **86.h** Fotolia.com (Matthias Krüttgen), New York; **86.e** Fotolia.com (Scriblr), New York; **86.f** Fotolia.com (createur), New York; **86.j** Fotolia.com (marog-pixcells), New York; **88** Hüter, Michael (Michael Hüter, Bochum, Unterrichtshilfe Next, Mai 2009, UniversumVerlag GmbH, Wiesbaden), Bochum; **91** Imago (Hake), Berlin; **99** shutterstock.com (Postnikova Kristina), New York, NY; **107.links** Picture-Alliance (dpa-infografik), Frankfurt; **107.rechts** Quelle: statista.com; **109** Kurt Salmon, Düsseldorf; **111** Bayer AG; **114** Picture-Alliance (dpa-infografik), Frankfurt; **118** Thinkstock (Goodshot), München

Sollte es in einem Einzelfall nicht gelungen sein, den korrekten Rechteinhaber ausfindig zu machen, so werden berechtigte Ansprüche selbstverständlich im Rahmen der üblichen Regelungen abgegolten.

1. Auflage 1 6 5 4 3 2 | 20 19 18 17 16

Alle Drucke dieser Auflage sind unverändert und können im Unterricht nebeneinander verwendet werden.
Die letzte Zahl bezeichnet das Jahr des Druckes.

Autoren: Peter Nabholz, Eningen; Wilhelm Overkamp, Bocholt

Redaktion: Redaktionsbüro Lampe, Leuna
Herstellung: Krystyna Schütze
Bildassistenz: Annett Semmler

Gestaltung: nach Entwürfen von kognito Gestaltung, Berlin
Illustrationen: Dieter Hemenau, Freiberg; Tobias Wieland, Leipzig (S. 42)
Satz: krauß-verlagsservice, Niederschönenfeld
Reproduktion: Meyle + Müller Medienmanagement, Pforzheim
Druck: DBM Druckhaus Berlin-Mitte GmbH, Berlin

Printed in Germany
ISBN 978-3-12-883522-8

9 783128 835228

Inhaltsverzeichnis

5 Arbeitsrecht und Interessen im Betrieb

6 Investition und Finanzierung

7 Deutschland in Europa und der Welt

8 Personalwirtschaft

Seite 10–13

Unternehmen im Wirtschaftskreislauf

1 Ordnen Sie die aufgeführten Berufsfelder den Wirtschaftssektoren zu, in denen sie überwiegend tätig sind.

a)

Berufsfelder \ Wirtschafts-sektoren	Primär-sektor	Sekundär-sektor	Tertiär-sektor
Tourismus			
Holz und Papier			
Verkehr, Logistik, Transport			
Keramik, Baustoffe, Bergbau			
Computer und Informatik			
Bauwesen, Architektur, Vermessung			
Textil, Bekleidung, Leder			
Metall und Maschinenbau			
Bildung und Erziehung			
Körperpflege und Hauswirtschaft			
Medien			
Landwirtschaft, Natur und Umwelt			

b) In einigen Berufsfeldern wird in Zukunft die Zahl der Arbeitsplätze steigen, in anderen wird sie sich verringern? Verdeutlichen Sie die Entwicklung in den angegebenen Berufsfeldern. Begründen Sie Ihre Entscheidung.

Verkehr, Logistik, Transport:

Metall und Maschinenbau:

Computer und Informatik:

Natur und Umwelt:

Seite 10–13

c) Unternehmen aus den verschiedenen Sektoren bilden eine Produktionskette.

(Beispiel: Landwirtschaft → Lebensmittelindustrie → Einzelhandel)

Bilden Sie weitere Produktionsketten.

Bergwerk (Stahl und Kohle) → _____ → _____

Forstbetrieb → _____ → _____

2 Tragen Sie ein, welches Wirtschaftssubjekt die beschriebenen Aufgaben und Funktionen übernimmt.

Aufgaben/Funktionen	Wirtschaftssubjekt
Sie entscheiden, was wie, wie viel und für wen produziert wird.	
Sie entscheiden darüber, was, wie viel und wann sie konsumieren.	
Sie erzielen Einnahmen über Steuern und Abgaben von den Haushalten und Unternehmen.	
Sie treten als Vermittler zwischen Kreditnehmer und Kreditgeber auf.	
Maschinen und Autos werden von Unternehmen dorthin verkauft.	
Sie sind Eigentümer der Produktionsfaktoren.	
Sie sind in den verschiedenen Wirtschaftssektoren tätig.	

3 a) In der Volkswirtschaftslehre unterscheidet man zwischen den ursprünglichen (originären) Produktionsfaktoren Boden/Natur und Arbeit und dem abgeleiteten (derivativen) Produktionsfaktor Kapital. Erläutern Sie, warum.

b) Warum wird der Produktionsfaktor Boden/Natur heute nicht mehr als unerschöpflicher Produktionsfaktor angesehen?

c) Welche Faktoren bestimmen die Qualität des Produktionsfaktors Arbeit?

Seite 14–18

Unternehmensziele und Nachhaltigkeit

1 Ordnen Sie den Spalten 2 und 3 die folgenden Begriffe zu:
Öffentliches Unternehmen – Bedarfsdeckung – Gewinnerzielung – Privatunternehmen – wirtschaftliche Vorteile für die Mitglieder erzielen – Genossenschaft

Beispiel für Unternehmen	Art des Unternehmens	Hauptziel
Diskothek		
Städtischer Verkehrsbetrieb		
Volksbank		

2 Erläutern Sie die Begriffe.

a) Ökonomie:

b) Nachhaltigkeit:

3 Ökonomie und Nachhaltigkeit: Gegensatz oder Vereinbarkeit?

a) Argumentieren Sie aus der Sicht derjenigen, die wirtschaftliche Ziele und Umweltschutz als Gegensatz betrachten.

b) Argumentieren Sie aus der Sicht derjenigen, für die Nachhaltigkeit und Ökonomie zusammengehören. Beziehen Sie die Ergebnisse der rechts aufgeführten Umfrage in Ihre Überlegungen ein.

Faire T-Shirts

Umfrageergebnisse

Wie wichtig sind für Sie faire Produktionsbedingungen in der Textilbranche?

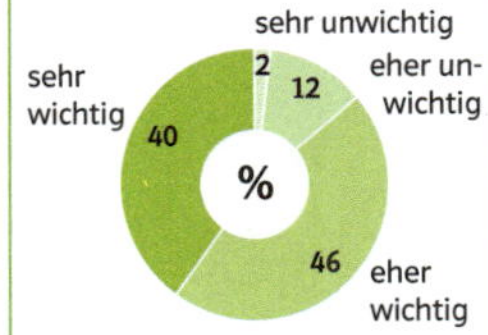

Würden Sie ein Textilprodukt kaufen, von dem bekannt ist, dass es unter unmenschlichen Produktionsbedingungen hergestellt wurde?

Achten Sie auf entsprechende Nachhaltigkeitssiegel beim Kauf von Textilprodukten?

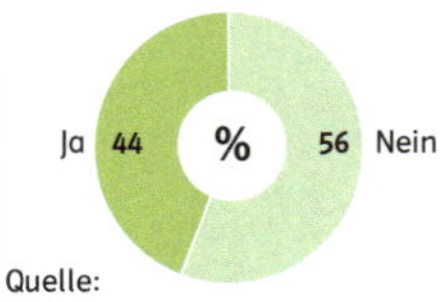

Quelle:
YouGov rundungsb. Diff.
dpa·21442

Seite 14–18

Schon nachhaltig, als noch niemand davon sprach

In der Unternehmensgruppe Tengelmann hat das Engagement für den Umweltschutz seit Jahrzehnten Tradition

Von den kleinen Windrädern und den Solarfolien auf dem Dach, den Solarpaneelen an den Wänden oder der Zisterne hinter dem Haus einmal abgesehen, sieht der inzwischen vielfach prämierte Klimamarkt fast genauso aus wie eine herkömmliche frisch renovierte Kaiser's oder Tengelmann Filiale. Denn so manche Raffinesse ist für den Kunden kaum sichtbar oder liegt hinter den Kulissen. So wird beispielsweise die Zahl der Besucher gleich am Eingang von einem kleinen Zählwerk erfasst, damit die erforderliche Belüftung exakt gesteuert werden kann. Über Sensoren wird die elektrische Beleuchtung so reguliert, dass sie fast völlig erlischt, wenn helle Sonne durch die Tageslichtbänder im Dach fällt. Allein das spart mehr als die Hälfte der früheren Beleuchtungskosten. Sind in herkömmlichen Lebensmittelgeschäften nur die Tiefkühlmöbel mit Türen verschlossen, so sorgen hier auch vor den meterlangen Kühlregalen Glastüren für beträchtliche Energieeinsparungen. Die Abwärme all dieser Kühlanlagen liefert einen Großteil der Heizenergie.
Das Thema Nachhaltigkeit beschränkt sich längst nicht nur auf Umwelt und Klima. Seit Jahren unterstützen die Mülheimer soziale Projekte. [...] Jeder Tengelmann-Mitarbeiter der Holding kann sich für einen Tag freistellen lassen, um sich sozial zu engagieren.

Brigitte Koch, Schon nachhaltig, als noch niemand davon sprach (29.06.2011): www.faz.net

4 a) Was versteht die Unternehmensgruppe Tengelmann unter dem Begriff „Nachhaltigkeit"?

____

____

b) Beschreiben Sie weitere Maßnahmen, um sich den Kunden als umweltfreundliches Unternehmen zu präsentieren.

____

____

____

____

____

5 Zu den Grundsätzen staatlicher Umweltpolitik gehören neben der Nachhaltigkeit das Vorsorgeprinzip, das Verursacherprinzip und das Kooperationsprinzip. Erläutern Sie diese Prinzipien.

a) Vorsorgeprinzip: ______________________________

____

b) Verursacherprinzip: ______________________________

____

c) Kooperationsprinzip: ______________________________

____

Seite 19–22

Aufbau von Unternehmen

1 Welche Organisationsformen werden beschrieben?

Beschreibung der Organisationsform	Organisationsform
a) Dem Leiter der Produktion wird ein Ingenieur zugeordnet, der die Produktionsabläufe analysiert und Verbesserungsvorschläge unterbreitet. Weisungsbefugt gegenüber dem Ingenieur ist nur der Produktionsleiter. Der Ingenieur kann den Mitarbeitern der Produktion keine Weisungen erteilen.	
b) Dem Betriebsleiter unterstehen die Meister, die die Facharbeiter unter sich haben.	
c) Ein Unternehmen ist unter einer gemeinsamen Leitung in unterschiedliche Produktionszweige gegliedert. Diese sind vollkommen unabhängig voneinander. Jedem Leiter einer solchen Sparte unterstehen alle notwendigen Abteilungen.	
d) In einer Werbeagentur arbeiten für die Dauer eines Kundenauftrags Mitarbeiter aus verschiedenen Abteilungen unter der Leitung eines Projektmanagers zusammen.	

2 Ordnen Sie die folgenden Aussagen den drei Organisationsformen zu.

Bei dieser Organsationsform …	Liniensystem	Spartenorganisation	Matrixorganisation
a) gibt es eine klare Weisungslinie von oben nach unten.			
b) werden Kundenaufträge in Form eines Projektes abgewickelt.			
c) lässt sich der Erfolg einer Abteilung gut messen.			
d) wird von den Mitarbeitern eine hohe Flexibilität erwartet.			
e) ist der Instanzenweg häufig sehr lang.			

3 Ordnen Sie den Bereichen Einkauf, Produktion und Verkauf diese Begriffe zu:
Wareneingangslager – Fertigungskontrolle – Marktforschung – Fertigungsplanung – Arbeitsvorbereitung – Lieferantenauswahl – Bedarfsplanung – Sponsoring – Materialbestellung – Maschinenbelegung – Werbung – Verkaufsförderung

Einkauf	Produktion	Verkauf

Seite 23–29

Rechtsform – Personen- oder Kapitalgesellschaft?

1 Tragen Sie in die freien Felder der Übersicht folgende Begriffe richtig ein:
Kapitalgesellschaften – Einzelunternehmen – KG – GmbH – OHG

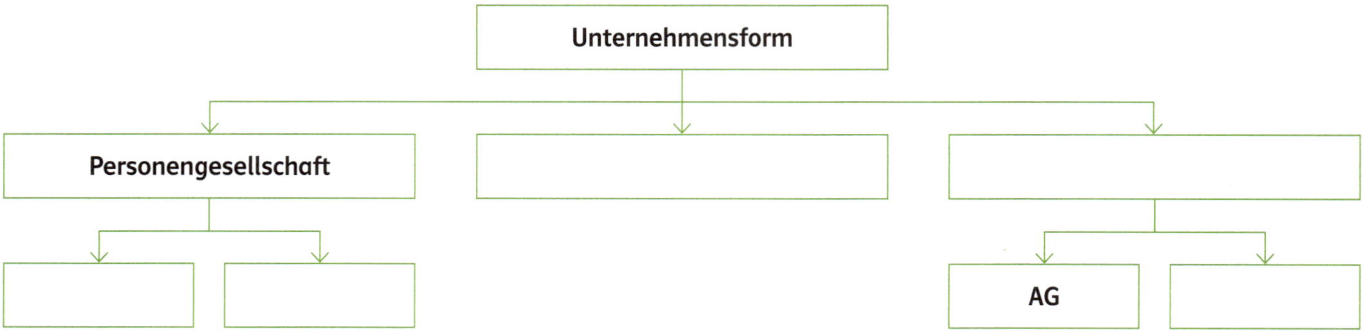

2 Nennen Sie die Vorteile jeder Rechtsform.

Rechtsform	Vorteile
Einzelunternehmen	
Offene Handelsgesellschaft	
GbR	
Kommanditgesellschaft	
GmbH	
Aktiengesellschaft	

Seite 23–29

3 Im Jahr 1602 wurde in Holland praktisch die erste Aktiengesellschaft gegründet. Um über möglichst viel Startkapital für große Investitionen, wie z. B. den Bau einer Hochseeflotte zu verfügen, wurden Unternehmen als Aktiengesellschaften gegründet und gaben schon damals Anteile auch an die breite Bevölkerung aus.
Heute sind Aktiengesellschaften weltweit in den verschiedensten Wirtschaftsbereichen tätig.

a) Was versteht man unter dem DAX?

____

____

____

b) In welchen Geschäftsfeldern sind heute die folgenden im DAX aufgeführten Unternehmen überwiegend tätig?

DAX-Unternehmen	Tätigkeitsfeld	DAX-Unternehmen	Tätigkeitsfeld
Adidas		Continental	
Allianz		Merck	
BASF		Münchener Rück	
Beiersdorf		SAP	
EON		Siemens	
Henkel		Thyssen-Krupp	

4 Eine Aktiengesellschaft ist als juristische Person selbstständiger Träger von Rechten und Pflichten. Um diese Rechte wahrnehmen zu können, müssen Organe bestellt werden, die die Entscheidung für die Gesellschaft treffen. Ergänzen Sie die folgende Tabelle für eine AG, die 5 000 Mitarbeiter beschäftigt und in der Elektroindustrie tätig ist.

	Vorstand	Aufsichtsrat	Hauptversammlung
Zusammensetzung			
Bestellung (Von wem gewählt?)			
Aufgaben			

Seite 23–29

5 Lösen Sie bitte das Rätsel. Tragen Sie die gesuchten Begriffe in die vorgesehenen Kästchen ein. Das Lösungswort finden Sie in den hellgrünen Kästchen, von oben nach unten gelesen.

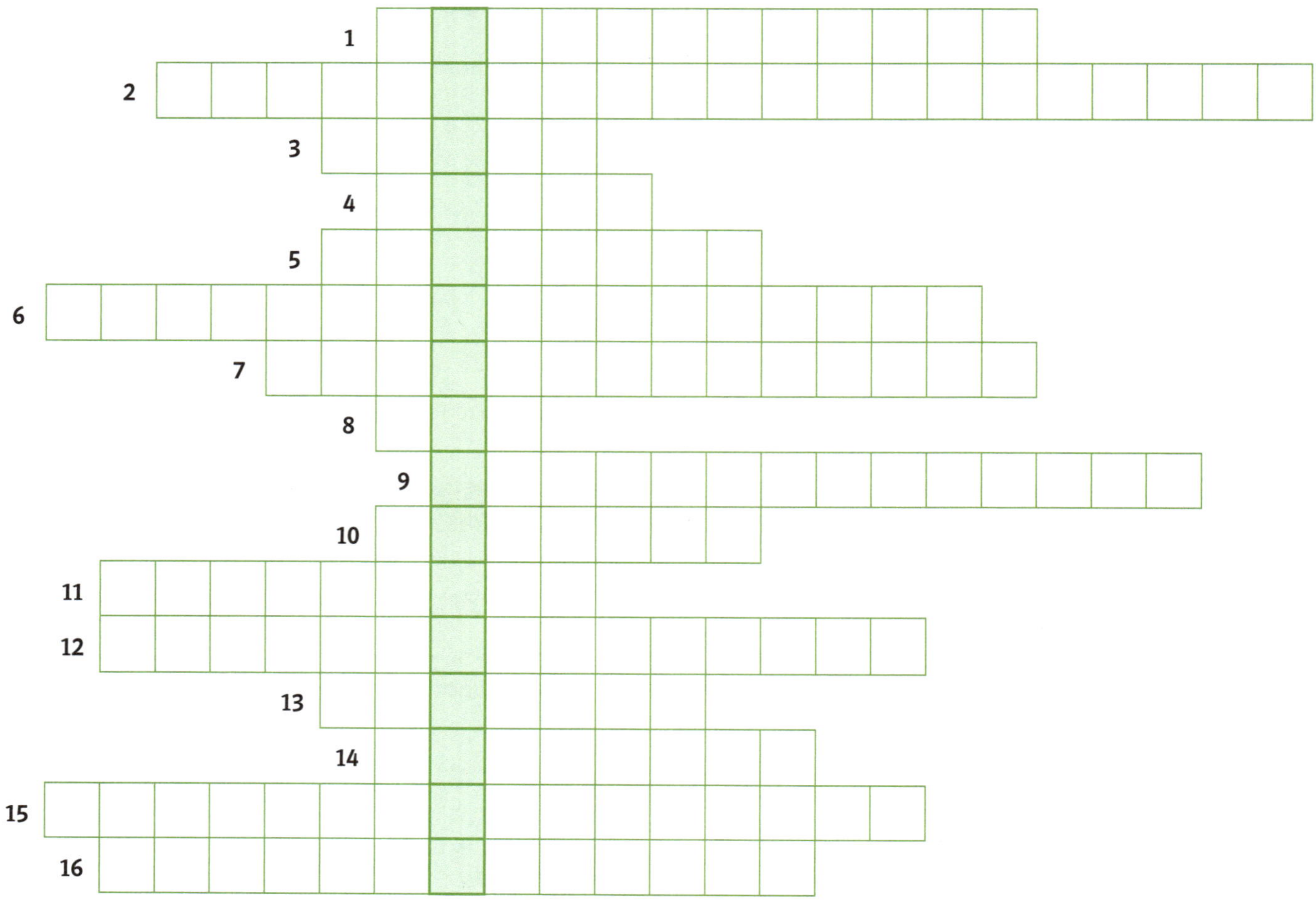

1. Kontrolliert den Vorstand einer AG.
2. Das Unternehmen besteht aus mindestens einem Voll- und einem Teilhafter.
3. Anteilsschein an einer AG
4. Dort lagern die Aktien.
5. Der aktuelle Wert einer Aktie
6. Das Unternehmen gehört einer Person und wird von dieser geleitet.
7. So bezeichnet man auch den Miteigentümer eines Unternehmens.
8. Die Gesellschafter des Unternehmens haften unbeschränkt und solidarisch.
9. Zur Gründung einer GmbH benötigt man 25 000 Euro ______________.
10. Produktionsstätte der Unternehmen
11. Gewinnausschüttung einer AG
12. Dort trägt man Unternehmen bei der Gründung ein.
13. Wichtiges Kriterium bei der Wahl der Rechtsform eines Unternehmens
14. Führt die Geschäfte einer AG
15. Dort treffen sich die Aktionäre mindestens einmal im Jahr.
16. Diese Person leitet die Kommanditgesellschaft.

Seite 30–33

Von der Geschäftsidee zur Unternehmensgründung

1 Der Weg in die Selbstständigkeit kann über eine Betriebsneugründung, Betriebsübernahme oder als Franchise-Nehmer erfolgen. Wo sehen Sie Vorteile der jeweiligen Form?

Möglichkeit der Unternehmensgründung	Vorteile
Betriebsneugründung	
Betriebsübernahme	
Franchise-Nehmer im Franchise-System	

2 Mit einer Unternehmensgründung ist eine Reihe von Anmeldungen verbunden. Geben Sie an, welche das sind:

a) Vor der Gründung:

b) Nach der Gründung:

3 Die Wahl des Standorts hängt von der Zielsetzung des Unternehmens und der betrieblichen Eigenart ab. Stellen Sie eine Rangfolge der folgenden Standortfaktoren auf, die sich bei der Gründung eines Fleischereifachgeschäftes und eines Chemiebetriebes ergibt. Begründen Sie anschließend Ihre Entscheidung.

Standortfaktoren	Fleischereifachgeschäft	Chemiebetrieb
a) Kundennähe	Rang ______	Rang ______
b) Parkmöglichkeiten	Rang ______	Rang ______
c) Arbeitskräftepotenzial	Rang ______	Rang ______
d) Lohnkosten	Rang ______	Rang ______
e) Behördliche Auflagen	Rang ______	Rang ______
f) Erweiterungsmöglichkeiten	Rang ______	Rang ______
g) Verkehrsanbindungen	Rang ______	Rang ______
h) Kosten für Miete	Rang ______	Rang ______
i) Kosten für Energie	Rang ______	Rang ______
j) Nähe zu Lieferanten	Rang ______	Rang ______

Seite 30–33

4 Stehen mehrere Standorte zur Auswahl, kann für die Entscheidung ein Bewertungsbogen herangezogen werden. Ein Beispiel: Die Bäckerei Schulz plant die Eröffnung einer Verkaufsfiliale mit Stehcafé. Zwei Standorte kommen dafür in Frage. Schätzen Sie die beiden Möglichkeiten mithilfe des vorgegebenen Bewertungsbogens ein.

a) Legen Sie auf einer Skala von 0 bis 10 fest, wie wichtig Ihnen der jeweilige Standortfaktor ist. Je höher der Wert, desto größer die Bedeutung für Ihre Standortwahl.

b) Bewerten Sie anschließend die beiden Standorte.

Standortbeschreibung

Standort A	Standort B
• Der Standort befindet sich am Stadtrand, in einem bereits teilweise erschlossenen Neubaugebiet, direkt neben einer umsatzstarken Fleischerei. • Ausreichende Parkmöglichkeiten befinden sich unmittelbar vor den Geschäften. • Im näheren Umkreis gibt es keine Bäckerei, ein angrenzender Discounter bietet jedoch Brot- und Backwaren an. • Die monatliche Pacht liegt bei 800 Euro. • Die Kündigungsfrist beträgt sechs Monate. • Betriebserweiterungen sind nicht möglich.	• Der Standort liegt inmitten der Fußgängerzone der 80 000 Einwohner zählenden Stadt, die sich in den letzten Jahren als Einkaufsmetropole der Region entwickelt hat. • Parkplätze befinden sich am Stadtrand. • Es gibt in der Innenstadt bereits sechs weitere Bäckereien bzw. Filialen. • Einige Häuser vom Standort entfernt plant eine SB-Bäckerei, die ihre Produkte preisgünstig anbietet, die Eröffnung einer Filiale. • Der Pachtvertrag muss für drei Jahre abgeschlossen werden. • Die Pacht beträgt monatlich 3 000 Euro. • In einem Jahr läuft der Pachtvertrag eines angrenzenden Geschäftes aus, so dass die Möglichkeit einer Betriebserweiterung besteht.

Bewertungsbogen

Standortfaktoren	Mögliche Höchstwerte	Bewertung der Standorte (durch Vergabe von + oder –)	
		Standort A	Standort B
Kundennähe			
Konkurrenz			
Umsatzmöglichkeiten			
Parkmöglichkeiten			
Kosten (Pacht)			
Vertragliche Bindung			
Erweiterungsmöglichkeiten			
Gesamtpunktzahl			

Seite 34–37

Businessplan und Kapitalbedarfsrechnung

1 Bringen Sie die folgenden Schritte einer Unternehmensgründung in die richtige Reihenfolge. Begründen Sie Ihre Entscheidung kurz.
Kapitalbedarfsrechnung – Wahl der Rechtsform – Geschäftsidee – Markt- und Konkurrenzanalyse – Anmeldungen und Genehmigungen – Marketingkonzept – Standortwahl – Zukunftsprognosen

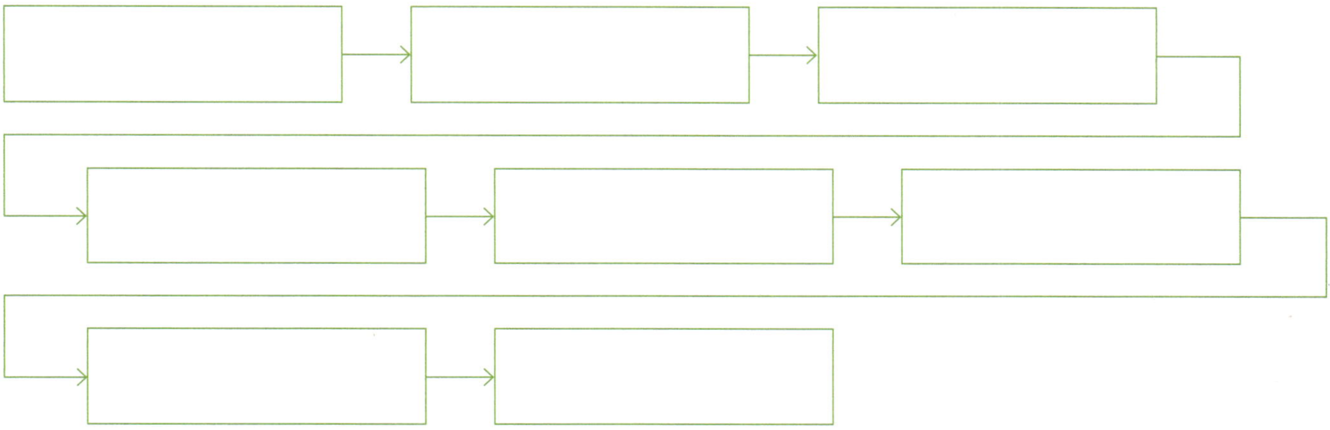

2 Im Vergleich zu anderen Ländern werden in Deutschland viel weniger Unternehmen gegründet. Dem versucht der Staat entgegenzuwirken, indem er Jungunternehmen auf dem Weg in die Selbstständigkeit fördert.

a) Welche unterschiedlichen Maßnahmen zählen dazu?

b) Kommt für Sie eine Unternehmensgründung in Betracht?
Stellen Sie den Vorteilen die Nachteile gegenüber.

3 Jede 6. Unternehmensneugründung scheitert in den ersten zwei Jahren. Nennen Sie Ursachen.

Seite 44–48

Fertigungsplanung

1 Ordnen Sie die Pläne folgenden Tätigkeiten durch Ankreuzen zu.

Tätigkeiten: Festlegung ...	Bedarfsplan	Arbeitsplan	Zeitplan
der Reihenfolge der Arbeitsgänge			
des gesamten Zeitbedarfs			
der Art und Anzahl der Arbeitskräfte			
der Zeitangaben für die Durchführung			
des Zeitpunkts der Fertigstellung			
der einzusetzenden Betriebsmittel			
der Lohngruppen für auszuführende Arbeiten			

2 Ein Sondermaschinenhersteller muss die unten aufgeführten Arbeitsschritte durchführen. Bringen Sie diese Arbeitsschritte anhand des angegebenen Schemas in die richtige Reihenfolge:
Technische Feinklärung (ggf. Änderung) – Endabnahme – Garantiephase – Teilefertigung und Zukauf – Demontage, Versand – Produktionsfreigabe, Disposition – Reparaturdienst, Wartungsdienst – Auftragseingang – Baugruppenmontage, Prüfung, Qualitätsabnahme – Projektierung – Konstruktive Ausführung – Endmontage, Installation – Inbetriebnahme und Test – Endmontage, Inbetriebnahme beim Kunden – Vorabnahme, Vorlaufproduktion

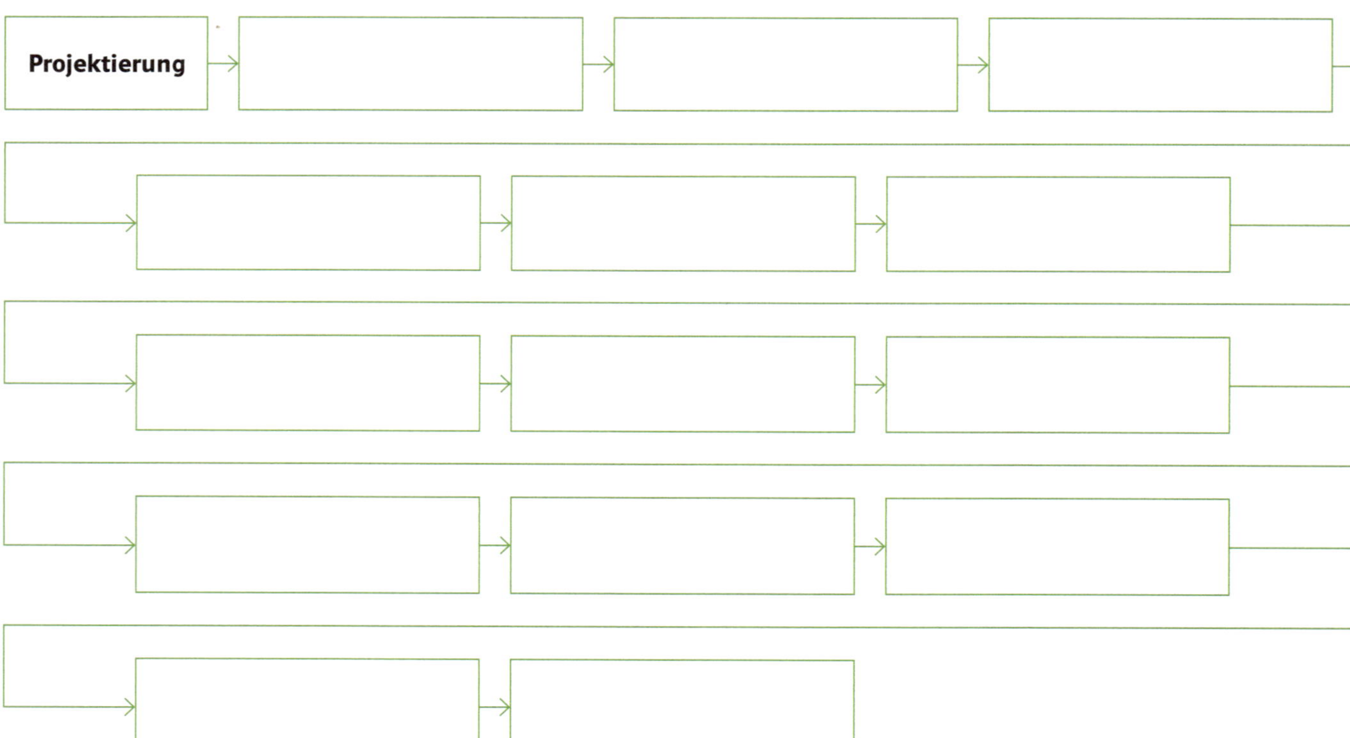

Seite 44–48

3 Erstellen Sie einen Netzplan.

a) Berechnen Sie die fehlenden Daten, tragen Sie diese in die Knoten des Netzplans ein und kennzeichnen Sie den kritischen Weg.

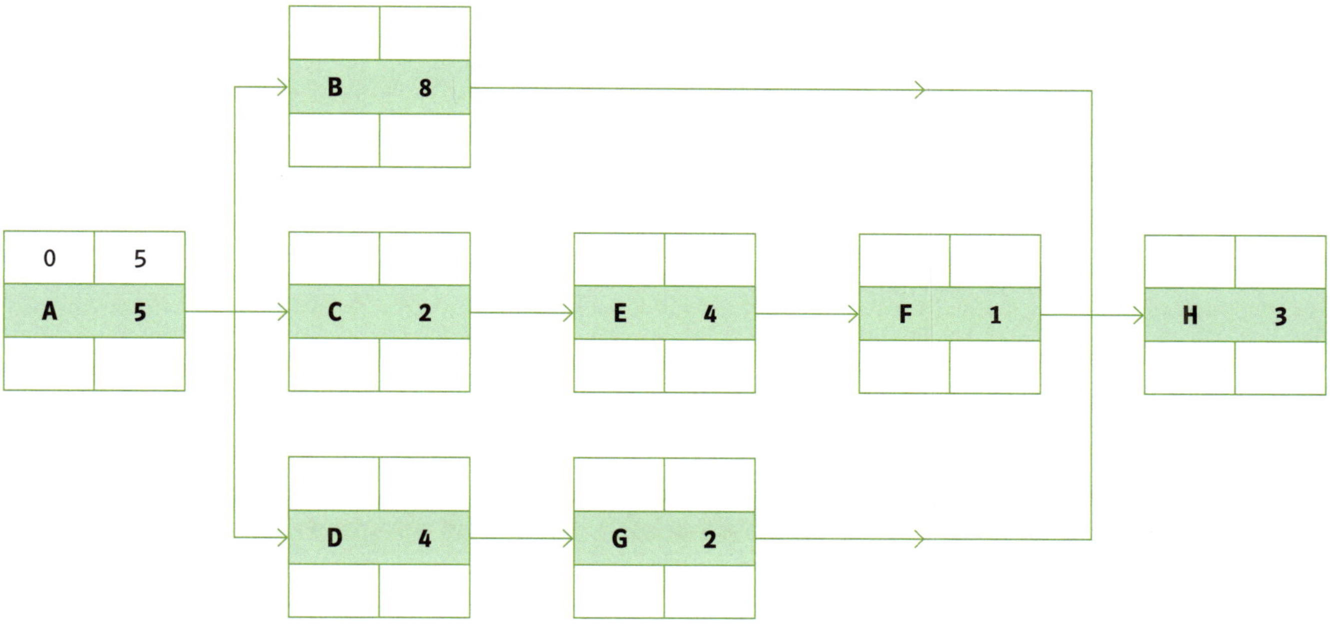

b) Welche Bedeutung hat der kritische Weg für die Terminüberwachung des Arbeitsvorgangs?

____

____

4 Ein Unternehmen fertigt gleichzeitig drei Produkte. Dazu sind folgende Maschinen (M) notwendig, bei denen die Maschinennutzung nur in der hier beschriebenen Reihenfolge möglich ist.

Produkt	Reihenfolge und Dauer der Bearbeitung			
A	M1 = 1 Stunde	M4 = 4 Stunden		
B	M2 = 3 Stunden	M3 = 2 Stunden	M4 = 3 Stunden	
C	M1 = 2 Stunden	M2 = 2 Stunden	M3 = 3 Stunden	M4 = 1 Stunde

Erstellen Sie einen Maschinenbelegungsplan, aus dem ersichtlich wird, welches Produkt zu welcher Zeit auf welcher Maschine gefertigt wird.

Stunde / Maschine	1	2	3	4	5	6	7	8	9
M1									
M2									
M3									
M4									

Seite 49–53

Gestaltung von Arbeitsabläufen

1 Erläutern Sie die einzelnen Formen der Mehrfachfertigung.

a) Massenfertigung: ______________________________

____

b) Serienfertigung: ______________________________

____

c) Sortenfertigung: ______________________________

____

2 Ordnen Sie folgende Aussagen dem Verrichtungs- oder dem Flussprinzip zu.

	Verrichtungsprinzip	Flussprinzip
kurze Durchlaufzeit der Werkstücke		
Einsatz von Spezialmaschinen		
weniger Arbeitsmonotonie		
hohe Zwischenlagerkosten		
schnellere Umstellung der Produktion		
Maschinen, die ähnliche Arbeitsaufgaben erledigen, sind räumlich zusammengefasst.		
Maschinen werden häufig umgerüstet.		
Produktionsprozess ist sehr übersichtlich.		
Werkstück wird an einzelnen Arbeitsplätzen vorbei geführt.		
eignet sich besonders für Einzelfertigung oder die Produktion kleiner Serien		

3 Bei der Gruppenarbeit wird die Arbeit von selbstständigen Arbeitsgruppen ganzheitlich durchgeführt. Erläutern Sie, warum sich dabei folgende Ziele schneller und besser als bei anderen Organisationsformen erreichen lassen.

a) Höhere Motivation und Arbeitszufriedenheit der Mitarbeiter: ______________________________

____

b) Weniger Ausschuss und weniger Maschinenstillstandszeiten: ______________________________

____

c) Ständige Verbesserung der Arbeitsabläufe: ______________________________

____

Seite 54–57

Leistungskontrolle und Qualitätsmanagement

Qualitätsprüfung im Borgers-Labor.
Auf seiner Internetseite informiert der Hersteller von textilen Bauteilen für die Automobilindustrie:
„Der hohe Unternehmensstandard ist durch die Zertifizierung unseres Qualitätsmanagements nach ISO 9001 und ISO/TS 16949 bestätigt. Ausschlaggebend dafür sind neben reibungslosen internen Abläufen nicht zuletzt unsere enge Orientierung am Kunden sowie die Einbeziehung unserer Lieferanten in die Produktionsprozesse.“

Quelle: Borgers AG, Bocholt. Qualitätsprüfung, unter: http://www.borgers.de/qualitaet.html?&L=title%3D%C3%83%C6%92%C3%82%C5%93bersicht. Zugriff v. 09.09.2015

1 Die Borgers AG, ein Autozulieferer, wirbt mit der Zertifizierung ihres Qualitätsmanagements.

a) Wie lässt sich Qualität allgemein erklären?

b) Warum gehört die Qualitätssicherung zu den wesentlichen Aufgaben der Unternehmenspolitik?

c) Warum verlangen Unternehmen von Zulieferern zunehmend die Zertifizierung nach DIN EN ISO 9000 ff.?

Seite 54–57

2 Die Grafik zeigt den Prozess eines Produkts von der Entwicklung bis zur Montage.

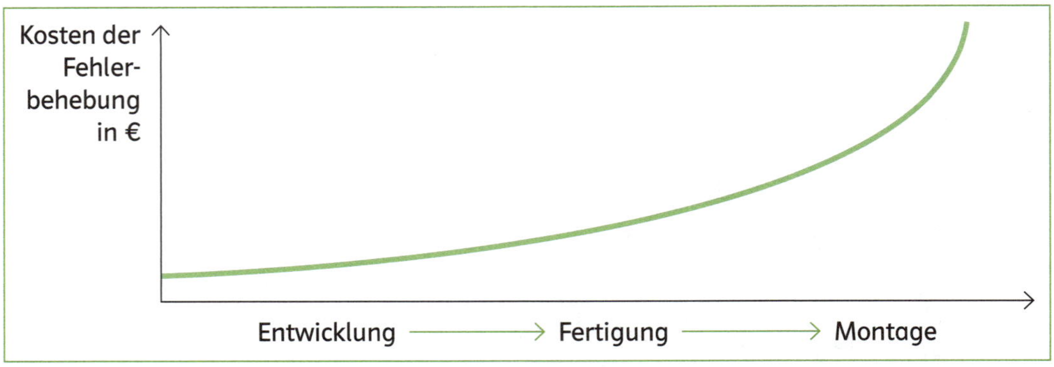

a) Welche Schlüsse lassen sich daraus für die Gestaltung des Qualitätswesens ziehen?

b) Nehmen Sie eine Bewertung der folgenden Maßnahmen zur Senkung der Fehler- bzw. der Ausschussquote vor.

Maßnahmen	Bewertung
Einführung der Gruppenarbeit	
QFD	
Spezialisierung der Arbeitnehmer durch Zerlegung der Arbeitsfolge in kleine Schritte	
regelmäßige Wartung der Maschinen	

Seite 58–62

Kennzahlen für die Rationalisierung

1 Ordnen Sie die folgenden Rationalisierungsmaßnahmen den Fällen zu:
Normung – vollautomatische Fertigung – Gruppenarbeit – Typung – Automatisierung, Arbeitszerlegung – Spezialisierung – Arbeitsteilung – Baukastensystem

a) Ein Möbelhersteller fertigt nur noch Wohnzimmermöbel. ______

b) Ein Getränkehersteller investiert in eine Abfüllanlage, die die Steuerung und Kontrolle des Arbeitsprozesses übernimmt. ______

c) Bauer Gerhardt teilt in den Sommerferien die bei ihm beschäftigten Schüler zum Pflücken auf den Erdbeerfeldern ein. ______

d) Die Spülmaschinen eines Haushaltsgeräteherstellers unterscheiden sich lediglich durch die Bedienungsmöglichkeiten. ______

e) Ein Hersteller von Videogeräten verwendet in allen Modellen das gleiche Laufwerk. ______

f) Bei der Montage eines Fahrrads werden die Arbeitsgänge in möglichst kleine Arbeitsschritte zerlegt. Jeder Mitarbeiter spezialisiert sich auf einen Arbeitsschritt. ______

g) Bei der Fertigung eines Motors übernehmen acht Mitarbeiter gemeinsam die Steuerung, Überwachung und Instandhaltung des Fertigungsablaufs. ______

h) Um die Durchlaufzeit bei der Fertigung von Telefonen zu verringern, werden die Fertigungsautomaten miteinander verbunden. ______

i) Ein Hersteller von Gartengeräten verwendet für seine Bewässerungs- und Arbeitsgeräte ein einheitliches Stecksystem. ______

2 Rationalisierungsmaßnahmen werden anhand von Kennzahlen bewertet.
Berechnen Sie die Wirtschaftlichkeit, Rentabilität und Produktivität:

• Ertrag	2 500 000 €
• Aufwand	2 200 000 €
• Eigenkapital	2 700 000 €
• Arbeitsstunden	150 000 Std.
• Produktionsmenge	450 000 Stück

Produktivität = ______ = ______ = ______

Wirtschaftlichkeit = ______ = ______ = ______

Rentabilität = ______ = ______ = ______

Seite 58–62

3 Lösen Sie das Rätsel. Die einzusetzenden Begriffe ergeben sich aus den unten stehenden Erläuterungen. Die stark umrandeten Buchstaben ergeben das Lösungswort.

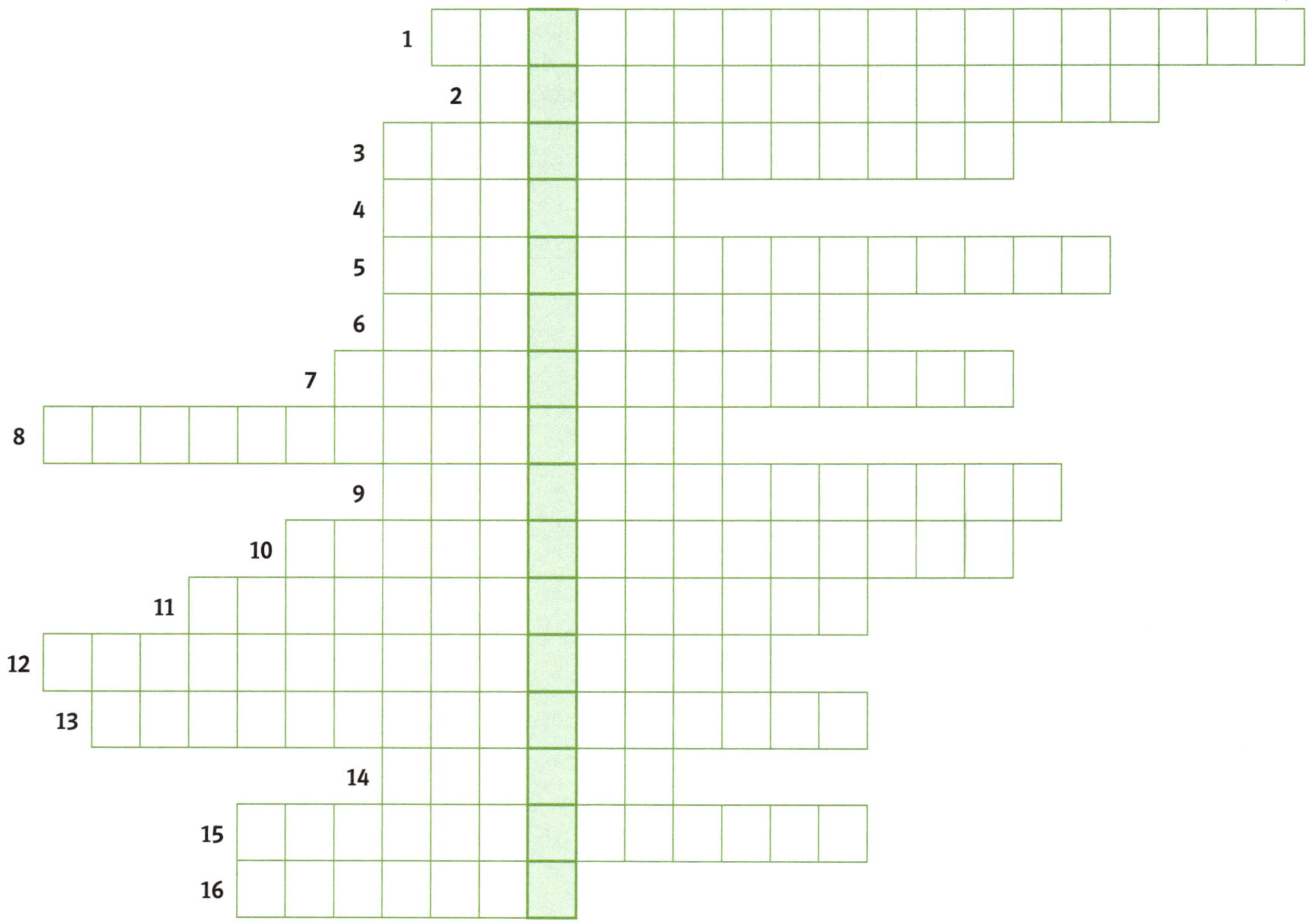

1. Die Kennzahl misst das Verhältnis der Erträge zu den Aufwendungen.
2. Bezeichnet das Ergiebigkeitsprinzip des wirtschaftlichen Handelns.
3. Die Kennzahl misst die Verzinsung des eingesetzten Kapitals.
4. Am Ende des Geschäftsjahres erzielt ein Unternehmen entweder einen Verlust oder ______.
5. Wird der Arbeitsprozess von Maschinen übernommen, spricht man von ______________.
6. Dadurch lässt sich eine Bewertung von Unternehmen durchführen.
7. Wenn mithilfe von Maschinen gefertigt wird, spricht man von ______________.
8. Aufteilung gleicher Arbeiten auf verschiedene Arbeitskräfte
9. Bezeichnet das Sparprinzip des wirtschaftlichen Handelns.
10. Fertigungssystem, bei dem ein Produkt aus Bausteinen zusammengesetzt wird.
11. Daran misst man die Ergiebigkeit der eingesetzten Faktoren bei der Leistungserstellung.
12. Beschränkung der Produktpalette auf wenige Arten von Erzeugnissen
13. Zerlegung der Arbeit in einzelne Arbeitsschritte
14. Vereinheitlichung von Endprodukten
15. Arbeitsform, bei der mehrere Arbeitnehmer gemeinsam selbstständig und eigenverantwortlich arbeiten.
16. Vereinheitlichung von Einzelteilen

Seite 63–66

Aufgaben auslagern oder selbst machen?

1 **Vorteile durch Outsourcing aus Entscheidersicht: Kosteneinsparungen bleiben an Top 1, die Konzentration auf das Kerngeschäft gewinnt im Vergleich zum Vorjahr deutlich an Relevanz.**

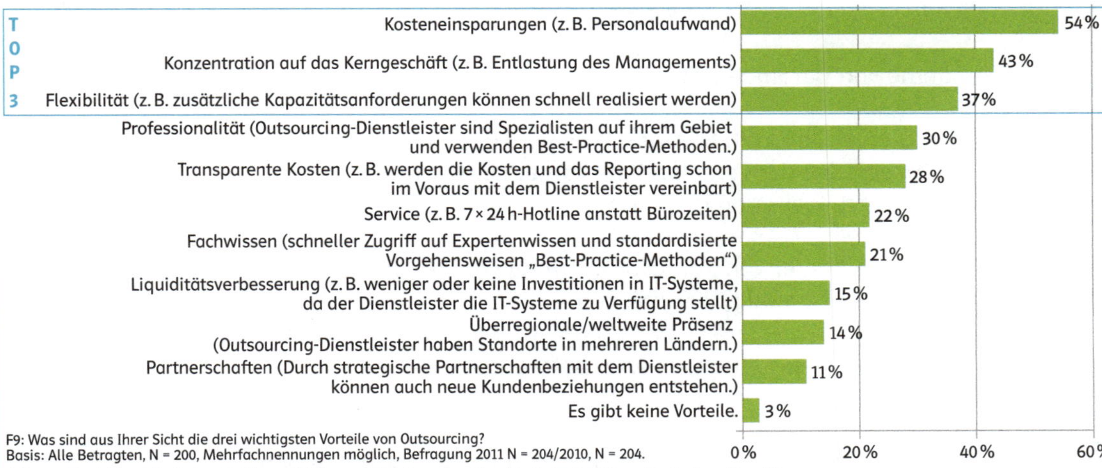

Vergleich 2010	Vergleich 2011
49 %	52 %
31 %	32 %
40 %	34 %
26 %	28 %
26 %	34 %
28 %	25 %
25 %	23 %
19 %	22 %
12 %	14 %
8 %	10 %

F9: Was sind aus Ihrer Sicht die drei wichtigsten Vorteile von Outsourcing?
Basis: Alle Betragten, N = 200, Mehrfachnennungen möglich, Befragung 2011 N = 204/2010, N = 204.

Abb. aus: Daniel Just | Dr. Stefan Schlöhmer. Erfolgsmodell Outsourcing. Trendstudie 2013. © Sopra Steria Consulting AG

a) Beschreiben Sie den Grundgedanken des Outsourcing-Konzepts.

b) Welche Geschäftsbereiche wurden in den letzten Jahren vorwiegend ausgelagert?

c) Zählen Sie stichpunktartig die Vorteile und Risiken der Auslagerung ganzer Geschäftsbereiche auf:

Vorteile	Risiken

d) In welchen Punkten haben sich die Vorteile des Outsourcings aus Sicht der Unternehmen verstärkt, in welchen nicht?

verstärkt:

verringert:

Seite 67–70

Lagerhaltung und Lagerkennziffern

1 Welches der aufgeführten Lager wird in den folgenden Fällen in Anspruch genommen?
Wareneingangslager – Zwischenlager – Werkzeug- und Ersatzteillager – Fertigwarenlager – Verwaltungslager – Sicherheitslager

a) Entnahme von Büromaterialien ______________________

b) Aufgrund einer defekten Fräsmaschine wird der Fertigungsprozess unterbrochen. Die der Fräsmaschine vorgelagerten Maschinen sollen dennoch weiter produzieren. ______________________

c) Bei einem Hersteller von Karnevalskleidung verläuft die Produktion gleichmäßig über das ganze Jahr. ______________________

d) Aufgrund eines sehr günstigen Angebots wurden große Mengen an Roh- und Hilfsstoffen eingekauft. ______________________

e) Bei einer defekten Maschine müssen Teile ausgewechselt werden. ______________________

____

f) Um die Risiken der JIT-Anlieferung einzugrenzen, werden Materialien für zwei Produktionstage ständig gelagert. ______________________

2 Im Restaurant „Götterspeise“ wird jeden Abend eine Kiste Rotwein der Hausmarke ausgeschenkt. Den monatlichen Bedarf (30 Kisten) kauft der Chef am 1. des Monats. In Zukunft möchte er in seinem Keller einen „Sicherheitsbestand“ in Höhe von 30 Kisten lagern.

Stellen Sie in einer Grafik dar:

a) den Sicherheitsbestand

b) die Lagerbestände für zwei Monate

c) den durchschnittlichen Lagerbestand

Seite 67–70

3 In der Materialwirtschaft eines Unternehmens ergeben sich für das Jahr 2014 folgende Zahlenangaben:

Lagerbestände in €:

01.01.: **55 000**	31.01.: **40 000**	28.02.: **57 500**	31.03.: **90 000**	30.04.: **81 500**
31.05.: **90 000**	30.06.: **72 000**	31.07.: **86 500**	31.08.: **45 000**	30.09.: **95 000**
31.10.: **68 500**	30.11.: **59 000**	31.12.: **35 000**		

Der Jahresverbrauch betrug 820 000 €.

a) Berechnen Sie die in der Übersicht angegebenen Lagerkennzahlen.

Berechnung von	Formel	Rechnung	
durchschnittlichem Lagerbestand			=
Umschlags-häufigkeit			=
durchschnittlicher Lagerdauer			=

Die Lagerkosten betragen acht Prozent des durchschnittlichen Jahresbestands.

b) Wie hoch sind die jährlichen Lagerkosten? ______________________

c) Das Unternehmen möchte die Lagerkosten verringern. Machen Sie dazu Vorschläge.

Seite 71–75

Logistiksysteme

1 Zum Just-in-time-System gehört das Kanban-System. Eine Variante ist die Steuerung des Materialflusses über ein Zwei-Behälter-System.

- Zu Beginn der ersten Schicht (6.00 Uhr) sind ein voller und ein leerer Behälter vorhanden.
- Jeder Behälter enthält Material für vier Arbeitsstunden.
- Es dauert zwei Stunden vom Eingang der Daten bis zur Bereitstellung des Materials im Fertigungsbereich.

Visualisieren Sie das Zwei-Behälter-System am unten angegebenen Zeitstrahl. (Die Anlieferung des Behälters erfolgte beim ersten Mal kurz vor dem vereinbarten Termin, beim zweiten Mal kurz danach.)

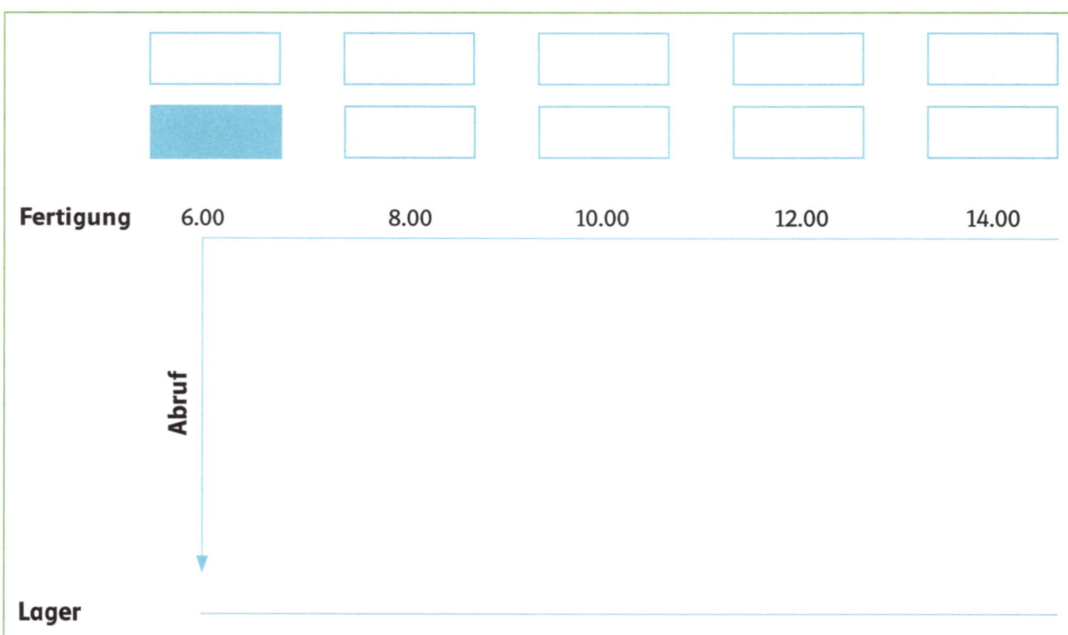

2 Beschreiben Sie die Vorteile und Risiken des JIT-Systems.

Vorteile: ______________________________

____

Risiken/Probleme: ______________________________

____

____

Seite 76–79

Entsorgungskonzept für betriebliche Abfälle

1 Das Gesetz zur Förderung der Kreislaufwirtschaft und Sicherung der umweltverträglichen Beseitigung von Abfällen (Kreislaufwirtschafts- und Abfallgesetz – Krw-/AbfG) regelt die

______________________, ______________________ und ______________________

von Abfällen.

2 Beschreiben Sie anhand von einem Beispiel das Kreislaufwirtschaftssystem.

____

____

____

3 Was versteht man unter „energetischer Verwertung“?

____

____

____

4 Beschreiben Sie anhand des Schaubilds den volkswirtschaftlichen Vorteil des Recyclings.

____

____

____

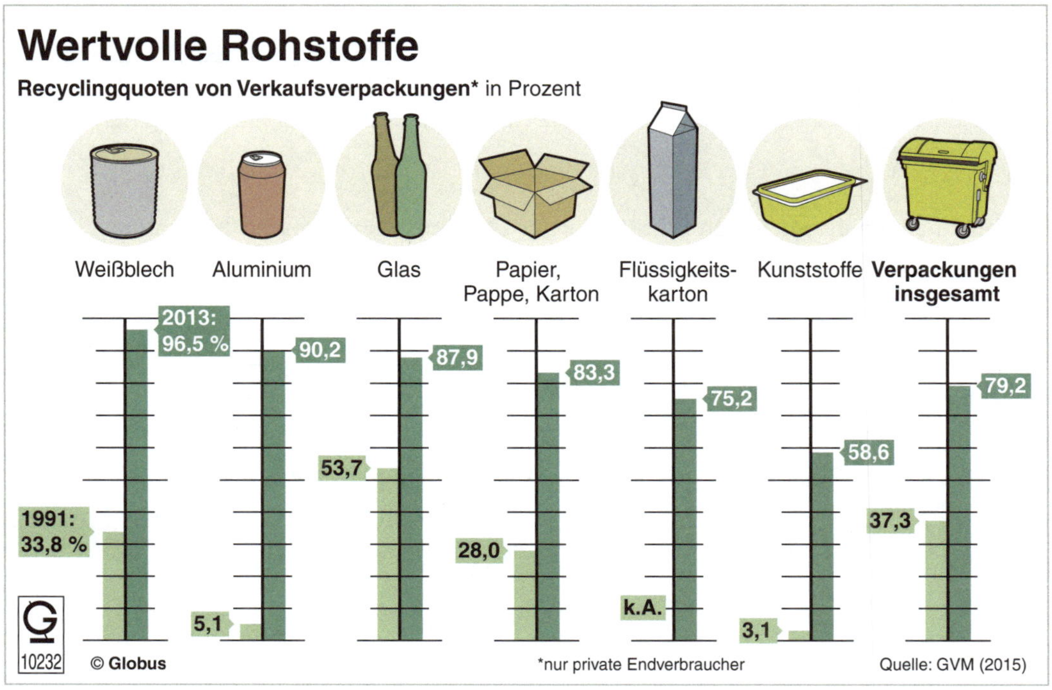

Seite 80–84

Materialwirtschaft und Bedarfsplanung

1 Der Möbelschreinerei Gehling liegt ein Auftrag über 50 Holztische vor. Die Stückliste enthält folgende Angaben:

Benennung	Holzart	Maße in cm	Stück
Tischplatte	Leimholz	120 × 80 × 2	1
Seitenbretter	Spanplatte/Furnier	110 × 7 × 2 70 × 7 × 2	2 2
Kantholz	Massivholz	71 × 5 × 5	4
Winkeleisen			4

Die Spanplatten werden dem Lager entnommen. Die Leimholzplatten werden in der Länge von 245 cm und in der Breite von 80 cm bestellt und selbst getrennt. Die Kanthölzer werden in der Länge von 245 cm geliefert. Erstellen Sie eine Bedarfsliste für die Einkaufsabteilung nach folgendem Muster.

Benennung	Maße	Stück
Leimholz	245 × 80 × 2	
Kantholz	245 × 5 × 5	
Winkeleisen		

2 Benennen Sie die einzelnen Schritte bei der Erstellung eines Beschaffungsplans.

Seite 80–84

3 Die Auslösung einer Warenbestellung erfolgt in einem Unternehmen nach dem Bestellpunktverfahren. Der Meldebestand errechnet sich anhand folgender Zahlenangaben:

Mindestbestand: 200 Stück
Tagesverbrauch: 50 Stück
Lieferzeit ab Bestellung: 4 Tage

Tragen Sie den Mindestbestand, den Meldebestand und den Materialverbrauch der ersten 17 Tage in die folgende Zeichnung ein.

Hinweis: Der Lagerbestand beträgt am Anfang des 1. Tages 500 Stück, die erste Lieferung beträgt 350 Stück, die 2. Lieferung 400 Stück. Die Lieferungen erfolgen am Ende des Tages.

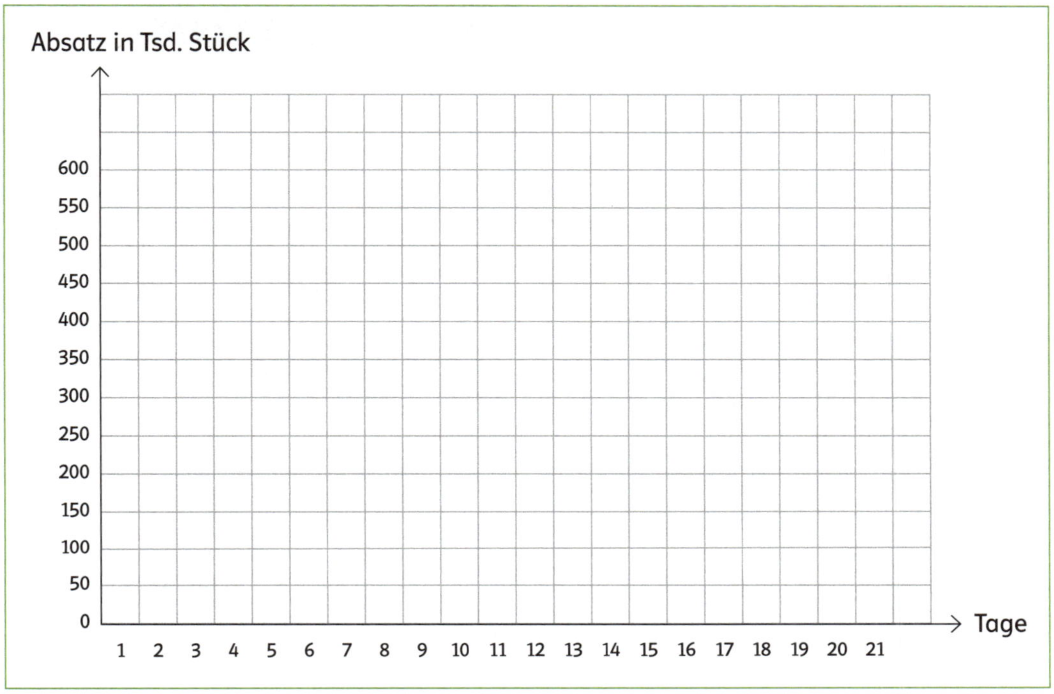

4 Gerd ruft in einem Fachgeschäft an und fragt nach dem aktuellen Preis für einen ganz bestimmten CD-Player. Welcher der folgenden Aussagen stimmen Sie zu?

a) Es handelt sich um eine Bestellung, weil er eine konkrete Kaufabsicht deutlich wissen ließ.

b) Es handelt sich um eine unbestimmte Anfrage, weil er noch unbestimmte Kaufvorstellungen hat.

c) Gerd hat eine bestimmte Anfrage gestellt, weil er sich auf eine konkrete Ware bezog. Ein Kaufvertrag ist dadurch aber noch nicht zustande gekommen.

Lösung: ____________

Seite 85–89

Angebotsvergleich

1 Die Metallbau GmbH plant den Kauf einer neuen Fräsmaschine. Es liegen zwei Angebote von Herstellern vor, mit denen bereits Geschäftsbeziehungen bestehen.

Auszüge aus den Angebotsschreiben der Firmen:

Wolf Maschinenbau

Listenpreis: 94 000 €

Rabatt: 10 %

Lieferbedingungen: frei Haus

Zahlungsbedingungen: Zahlung bei Empfang der Ware

Lieferzeit: 3 Monate

Garantie: 6 Jahre

Meta KG

Listenpreis: 78 000 €

Transportkosten: 1 600 €

Lieferbedingungen: ab Werk

Zahlungsbedingungen: 30 Tage netto oder 8 Tage mit 3 % Skonto

Lieferzeit: 4 Monate

Garantie: 10 Jahre

Ermitteln Sie die Bezugspreise.

	Wolf Maschinenbau	Meta KG
Listenpreis	______	______
– ______	– ______	– ______
= Zieleinkaufspreis	= ______	= ______
– ______	– ______	– ______
= Bareinkaufspreis	= ______	= ______
+ ______	+ ______	+ ______
+ ______	+ ______	+ ______
= ______	= ______	= ______

Seite 85–89

2 Zur Entscheidungsfindung bei der Auswahl der Fräsmaschine will die Geschäftsführung der Metallbau GmbH die bisherigen Erfahrungen mit den beiden Lieferanten hinzuziehen. Helfen Sie ihr dabei. Im Folgenden finden Sie Auszüge aus der Lieferantenkartei:

Wolf Maschinenbau:
Liefertermine wurden bisher eingehalten. Die Qualität der gelieferten Maschinen entsprach den Vereinbarungen. Reklamationen wurden sofort zu unserer Zufriedenheit bearbeitet. Ersatzteile sind vorrätig, allerdings sehr teuer. Insgesamt erfolgte die Abwicklung der bisherigen Lieferung zu unserer vollen Zufriedenheit.

Meta KG:
Die Qualität der Maschinen ist gut. Die Liefertermine wurden nicht immer genau eingehalten. Die Garantieabwicklung gestaltete sich schwierig. Ersatzteile werden schnell und preisgünstig geliefert. Insgesamt erfolgte die Abwicklung der bisherigen Lieferung zu unserer Zufriedenheit.

Ergänzen Sie die Übersicht und entscheiden Sie sich für ein Angebot.

Kriterien/Gewichtung		Angebot Wolf Maschinenbau			Angebot Meta KG		
		Fakten	Bewertung	Punkte ges.	Fakten	Bewertung	Punkte ges.
Bezugspreis	10						
Lieferzeit	6						
Liefertreue	8						
Zahlungsbedingungen	5						
Qualität	8						
Garantie	8						
Garantieabwicklung/ Reklamationen	7						
Wartung/ Reparatur	9						
Punkte ges.							
Rangstelle							

Seite 90–93

Zustandekommen von Rechtsgeschäften

1 Die meisten Rechtsgeschäfte können formlos abgeschlossen werden. Aber bei einigen Rechtsgeschäften verlangt der Gesetzgeber eine bestimmte Form, sonst sind diese Geschäfte nichtig (von Anfang an ungültig). Ergänzen Sie das Schaubild, indem Sie die folgenden Rechtsgeschäfte der vorgeschriebenen Rechtsform zuordnen:
Testament – Ehevertrag – Berufsausbildungsvertrag – Antrag auf Eintragung einer GmbH ins Handelsregister – Kreditvertrag – Grundstückskauf – Kündigung eines Arbeitsvertrags

Form der Rechtsgeschäfte

Schriftform	öffentliche Beglaubigung	notarielle Beurkundung

2 Um welche Vertragsart handelt es sich in den folgenden Fällen?

Fälle	Vertragsart
a) Peter hat sich für seinen Umzug einen kleinen Lkw bei der Firma Fox gegen eine Gebühr von 200 € besorgt.	
b) Frau Gehling übernimmt eine Imbissbude gegen eine monatliche Zahlung von 2 000 € an den Eigentümer.	
c) Marion kauft einen neuen PC.	
d) Michael arbeitet als Maurer bei der Firma Berger Bau.	
e) Karin überlässt Moni für eine Klassenfahrt die Skiausrüstung.	
f) Die Finanzierung des Autos erfolgt mithilfe einer Bank.	
g) Die Weberei WebTex lässt ihre Ware beim Ausrüster färben.	
h) Petra ersteigert im Internet ein Handy.	

Seite 90–93

3 Kreuzen Sie an, ob es sich um einseitige oder zweiseitige Rechtsgeschäfte handelt.

	Einseitiges Rechtsgeschäft	Zweiseitiges Rechtsgeschäft
Steuerbescheid		
Ehevertrag		
Fristlose Kündigung		
Testament		
Kaufvertrag		

4 In einem Herrenbekleidungsgeschäft sucht Michael nach einer Jacke.

Verkäufer: Kann ich Ihnen behilflich sein?

Michael: Ich finde die braune Jacke, die Sie im Schaufenster haben, nicht in meiner Größe.

Verkäufer: Wegen des günstigen Angebots war die Nachfrage nach diesem Modell heute Morgen bereits sehr groß. Es sind nur noch drei Jacken in der Größe XXL vorrätig.

Michael: Die Jacke im Schaufenster müsste meine Größe sein.

Verkäufer: Das kann gut sein. Aber die Jacke aus dem Schaufenster kann ich Ihnen erst zu Beginn der nächsten Woche verkaufen, wenn die Fenster neu dekoriert werden.

Michael: So lange kann ich nicht warten. Ich brauche die Jacke noch heute.

Prüfen Sie, ob Michael auf die Herausgabe der Jacke bestehen kann.

5 Stellen Sie fest, ob es sich bei folgenden „Angeboten" um rechtswirksame Angebote handelt.

ja/nein

a) Ein Heizungs- und Sanitärunternehmen bewirbt seine Kesselanlagen in einer ganzseitigen Anzeige als „Angebot des Monats". ______

b) Ein Supermarkt legt seine Waren mit Preisen ausgeschildert im Regal aus. ______

c) Ein Internetanbieter wirbt für seine Computer mit einem günstigen Preis. ______

6 Welche Besonderheiten gelten bei Internetangeboten gegenüber herkömmlichen Angeboten?

Seite 94–97

Gültige und ungültige Rechtsgeschäfte

1 Ergänzen Sie die folgende Übersicht zur Geschäftsfähigkeit.

Geschäftsfähigkeit

Geschäftsunfähigkeit

= Kinder bis zur Vollendung des ______ Lebensjahres

↓

Willenserklärungen sind

______

Beschränkte Geschäftsfähigkeit

= Minderjährige ab vollendetem ______ Lebensjahr

↓

Die Willenserklärung bedarf der Zustimmung der

______

______

↓

Ausnahmen:

- im Rahmen des ______ ______
- im Rahmen des ______ ______ ______
- bei eindeutigem ______ ______

Volle Geschäftsfähigkeit

= alle ______ ______ ______

(mit Ausnahmen)

= juristische Personen, z. B. AG, GmbH

↓

Willenserklärungen sind

______

2 Vervollständigen Sie den Text durch folgende Begriffe:
eigenständig – Frau Kalz – GmbH – Handelsregister – juristische – natürliche – Träger von Rechten und Pflichten – wer

Die Geschäftsfähigkeit gibt an, ______ berechtigt ist, selbstständig und ______ Rechtsgeschäfte wirksam abzuschließen. Die Rechtsfähigkeit beinhaltet die Fähigkeit von Personen, ______ zu sein. Dabei unterscheidet man in ______ Personen (Beispiel: ______) und ______ Personen (Beispiel: ______). Ein Unternehmen existiert von der Eintragung ins ______ bis zur Löschung.

Seite 94–97

3 Ergänzen Sie das Schaubild.

Rechtsgeschäfte sind

nichtig (= von Anfang an ungültig) bei	**anfechtbar** (= erst zum Zeitpunkt der Anfechtung werden sie ungültig) bei
• ______	• ______
• ______	• ______
• ______	• ______
• ______	
• ______	
______	

4 Stellen Sie fest, ob die nachfolgenden Rechtsgeschäfte wegen Irrtums anfechtbar sind.

Rechtsgeschäft	ja/nein	Begründung
a) Kunde: „Ich glaubte, dieser Handrasenmäher hielte mich körperlich fit. Aber nach 14 Tagen sehe ich, dass ich mich geirrt habe. Den Kaufvertrag über den Handmäher fechte ich wegen Irrtums an.“		
b) Der Auszubildende Bernd erhält vom Meister den Auftrag, 500 verzinkte Schrauben einzukaufen. Weil er nicht richtig hingehört hat, bringt er 500 verchromte Schrauben mit.		
c) Bauunternehmer Junker hat den Zuschlag für den Bau einer Lagerhalle erhalten, weil er das günstigste Angebot abgab. Kurz vor Baubeginn stellt er fest, dass er sich verrechnet hat.		
d) Als Sven an der Kasse bezahlen will, teilt die Kassiererin ihm mit, dass er den Pullover zum ausgezeichneten Preis von 24 € nicht erhalten kann. Bei der Preisauszeichnung seien statt 42 € versehentlich 24 € angesetzt worden.		

5 Ein halbes Jahr nach dem Kauf eines Gebrauchtwagens stellt Dennis fest, dass es sich um einen Unfallwagen handelt. Wie würden Sie sich an Dennis' Stelle gegenüber dem Autohaus verhalten, wenn ihm vertraglich zugesichert wurde, dass der Wagen unfallfrei sei.

______

______

______

______

Seite 98–101

Liefer- und Annahmeverzug

1 Lars Riedel ist nach Beendigung seiner Ausbildung bei seinen Eltern ausgezogen und hat sich in der Innenstadt ein Appartement gemietet. Da es in dem Haus keinen gemeinsamen Waschraum gibt, benötigt er eine eigene Waschmaschine. Am 20.07. unterschreibt er bei der Firma Kraus den Kaufvertrag über eine Waschmaschine. In dem Vertrag wird als Liefertermin Anfang August festgehalten.
Als Mitte August noch keine Lieferung erfolgt ist, meldet sich Lars telefonisch bei der Firma Kraus. Diese entschuldigt sich damit, dass aufgrund der hohen Nachfrage Lieferschwierigkeiten aufgetreten seien. Lars weist darauf hin, dass er zurzeit seine Wäsche im Waschsalon waschen muss und nicht länger bereit sei, diese hohen Ausgaben zu tragen. Als neuer Liefertermin wird der 03.09. verbindlich zugesagt. Am 05.09. wird Lars auf den 15.09. vertröstet. Als zu diesem Termin immer noch keine Lieferung erfolgt ist, teilt er am 18.09. dem Elektrofachgeschäft Kraus Folgendes schriftlich mit …

An
Firma Kraus

Liefertermin Kaufvertrag 123 456

Sehr geehrte Damen und Herren,

…

Bei der Formulierung des Briefes sollte die DIN 5008 berücksichtigt werden (Musterbrief hinten im Arbeitsheft).

Seite 98–101

2 Herr Meier leiht sich übers Wochenende von Herrn Schmitz, den er im Urlaub kennengelernt hat, das Auto aus.

a) Wer ist Eigentümer? ______________ b) Wer ist Besitzer? ______________

3 Beschreiben Sie, worin sich Eigentum und Besitz unterscheiden.

____

____

4 Versehentlich hat Herr Schmitz im Handschuhfach des Autos den KFZ-Brief liegen gelassen. Herr Meier, der dringend Geld zur Begleichung seiner Schulden benötigt, verkauft den Wagen an Frau Kremer. Als Herr Schmitz davon erfährt, verlangt er von Frau Kremer die Herausgabe des PKW, da ihm dieser schließlich gestohlen wurde. Frau Kremer weigert sich. Da der Kaufpreis im marktüblichen Rahmen lag und der KFZ-Brief vorlag, geht sie davon aus, dass sie einen rechtsgültigen Kaufvertrag abgeschlossen hat. Lösen Sie mit Hilfe der Methode „Mit Gesetztexten arbeiten“ (S. 106–107) diesen Fall.

a) Problem analysieren (Wer will was von wem woraus)

____

____

b) Gesetzliche Grundlagen bestimmen ______________

§ 932 Gutgläubiger Erwerb vom Nichtberechtigten
(1) Durch eine nach §929 erfolgte Veräußerung wird der Erwerber auch dann Eigentümer, wenn die Sache nicht dem Veräußerer gehört, es sei denn, dass er zu der Zeit, zu der er nach diesen Vorschriften das Eigentum erwerben würde, nicht in gutem Glauben ist. …
(2) Der Erwerber ist nicht in gutem Glauben, wenn ihm bekannt oder infolge grober Fahrlässigkeit unbekannt ist, dass die Sache nicht dem Veräußerer gehört.

§ 935 Kein gutgläubiger Erwerb von abhanden gekommenen Sachen
(1) Der Erwerb des Eigentums auf Grund der §§932 bis 934 tritt nicht ein, wenn die Sache dem Eigentümer gestohlen worden, verloren gegangen oder sonst abhanden gekommen war.

____

____

____

c) Gesetz auf den Streitfall anwenden

____

____

____

____

____

d) Lösung formulieren

____

____

Seite 102–105

Mängelreklamation

1 Welche Mängel liegen in den folgenden Fällen vor?

a) Anstelle roter Fliesen wurden braune Fliesen geliefert. ______

b) Die eingebauten Fenster lassen sich nur öffnen und nicht kippen. ______

c) Anstelle der bestellten 1000 Steine wurden 800 geliefert. ______

d) Die Verlegung von Rohrleitungen erfolgte so unsachgemäß, dass es bereits nach drei Tagen zu einem Rohrbruch kam und der gerade verlegte Holzfußboden ruiniert wurde. ______

e) Der Zusammenbau eines Wandschranks war mithilfe der beigelegten Montageanleitung nicht möglich. ______

f) Ein Eimer Wandfarbe reicht selbst bei sparsamem Auftragen gerade mal für eine Fläche von 20 Quadratmetern. Dabei hatte der Hersteller in einem Prospekt mit einer Ergiebigkeit von 30 bis 40 Quadratmetern geworben. ______

2 Von welchen Rechten würden Sie in den oben beschriebenen Fällen Gebrauch machen?

zu 1a) ______

zu 1b) ______

zu 1c) ______

zu 1d) ______

zu 1e) ______

zu 1f) ______

Seite 102–105

3 Lösen Sie das Rätsel zum Vertragsrecht mithilfe der angegebenen Silben und der unten angegebenen Erläuterungen. Das Lösungswort finden Sie in den farbig unterlegten Kästchen.
an, an, bar, be, bot, de, den, ei, er, ge, fecht, form, frei, geld, gen, heit, keit, keit, irr, jaeh, mahn, ment, min, nich, rung, rung, tig, satz, scha, scheid, schen, ta, ta, tes, trag, tum, tum, ver, ver, werk

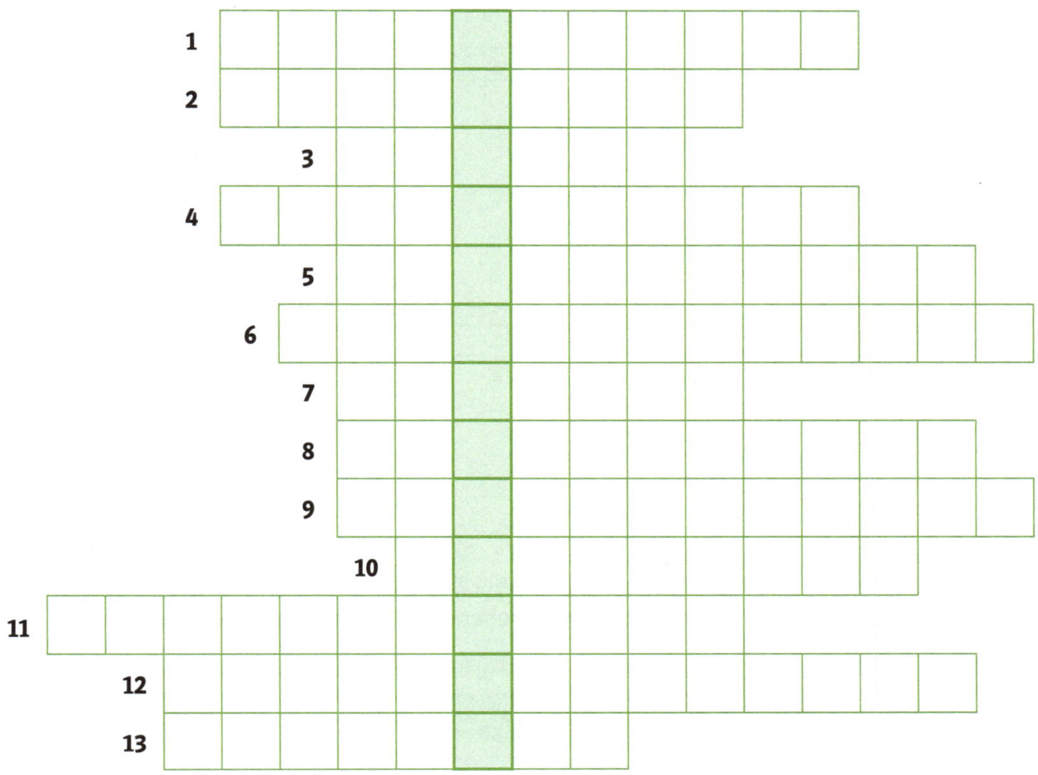

1. Vertragsform, bei der der Auftraggeber den Gegenstand oder das Material liefert
2. Kann der Käufer bei Lieferung mangelhafter Ware verlangen.
3. Ein Grund, um ein Rechtsgeschäft anzufechten
4. Wenn Rechtsgeschäfte von Anfang an ungültig sind, spricht man von ______________.
5. Nach einer gewissen Frist kann der Schuldner es ablehnen, die Schuld zu begleichen. Dies bezeichnet man als ______________.
6. Kommen Verkäufer oder Käufer ihren Pflichten aus dem Kaufvertrag nicht nach, sind sie häufig zu ______________ verpflichtet.
7. Es handelt sich um eine Willenserklärung an eine bestimmte Person, eine Ware zu einem bestimmten Preis zu verkaufen.
8. In diesem Rahmen können beschränkt Geschäftsfähige selbstständig Rechtsgeschäfte abschließen.
9. Ein Prinzip des Vertragsrechts
10. Ein einseitiges Rechtsgeschäft, das der Schriftform bedarf
11. Damit beginnt das gerichtliche Mahnverfahren.
12. Dadurch können Rechtsgeschäfte nachträglich ungültig werden.
13. ______________ ist die rechtliche Gewalt über eine Sache.

Seite 112–117

Markt, Preis und Marktformen

1 Ergänzen Sie das Schema.

Jeder Mensch hat Bedürfnisse.

Existenzbedürfnisse
z. B.
____
____

____
z. B
Sportwagen
____

____
z. B.
Konzerte
____

Nachfrage nach
____

2 Die Marktformen unterscheiden sich durch die Zahl der jeweiligen Anbieter und Nachfrager. Kreuzen Sie für jede Marktform die entsprechende Zusammensetzung an.

	Polypol	Angebots-oligopol	Nachfrage-oligopol	Angebots-monopol	Nachfrage-monopol
Ein Anbieter/viele Nachfrager					
Wenige Anbieter/viele Nachfrager					
Viele Anbieter/wenige Nachfrager					
Ein Nachfrager/viele Anbieter					
Viele Anbieter/viele Nachfrager					

3 Innerhalb der Europäischen Union gelten für die wirtschaftliche Zusammenarbeit die „vier Freiheiten“.

a) Was ist damit gemeint?

____

b) Durch welche Maßnahmen kann der freie Warenverkehr eingegrenzt werden?

____

c) Auf dem Markt verhalten sich Unternehmen und Haushalte nach dem ökonomischen Prinzip.
Beschreiben Sie das Verhalten aus Sicht der

Unternehmen: ____________

Haushalte: ____________

Seite 112–117

4 Auf dem Wohnungsmarkt einer Stadt besteht folgender Zusammenhang zwischen dem Angebot, der Nachfrage und dem Mietpreis für eine Wohneinheit.

Mietpreis in €	500	600	700	800	900	1000
Anzahl der angebotenen Wohnungen	30	40	50	60	70	80
Anzahl der nachgefragten Wohnungen	70	60	50	40	30	20

a) Zeichnen Sie nach oben stehenden Angaben eine Angebots- und Nachfragekurve in das nachfolgende Diagramm ein und bestimmen Sie den Gleichgewichtspreis.

b) Was sagen Angebots- und Nachfragekurve über das Verhalten der Anbieter bzw. der Nachfrager bei niedrigen Preisen aus?

Anbieter: ____________________

Nachfrager: ____________________

c) Was sagt der Gleichgewichtspreis aus?

____

____

d) Eine Marktuntersuchung ergibt, dass in Zukunft mit einer erhöhten Nachfrage für dieses Produkt zu rechnen ist. Verschieben Sie die Nachfragekurve parallel so, dass sie die Angebotskurve bei einer Miete von 800 € schneidet.

Bei dem neuen Gleichgewichtspreis liegt die Menge bei ______ Wohnungen, der Umsatz

beträgt __________ €.

Seite 118–122

Unternehmenszusammenschlüsse

1 Gab es 1999 noch acht große Handelsunternehmen, die einen Marktanteil von 70 Prozent hatten, kommen die vier großen Lebensmittelhändler inzwischen auf einen gemeinsamen Marktanteil von 85 Prozent.

a) Stellen Sie Vermutungen über die Gründe der Unternehmenskonzentration im Einzelhandel an.

b) Bestimmen Sie die möglichen positiven wie auch negativen Folgen, die sich für den Verbraucher und für den Lieferanten aus der Konzentration im Einzelhandel ergeben können.

	Verbraucher	Lieferanten
Vorteile		
Nachteile		

Seite 118–122

2 Gegenwärtig ist in der Wirtschaft eine Zunahme von Unternehmenszusammenschlüssen zu beobachten. Welches sind die vier zutreffenden der neun genannten Gründe, die die Unternehmen zu Zusammenschlüssen bewegen?

a) ☐ Durch höhere Stückzahlen höhere Stückkosten erreichen
b) ☐ Durch höhere Stückzahlen Möglichkeiten zur Rationalisierung verbessern
c) ☐ Bedarfsgerechte Versorgung der Verbraucher
d) ☐ Verminderung des Eigenkapitals, um die Kreditwürdigkeit bei Banken zu erhöhen
e) ☐ Den Wettbewerb stärken
f) ☐ Umfassende Vertriebsnetze im In- und Ausland betreiben
g) ☐ Gemeinsame Forschung und Entwicklung betreiben
h) ☐ Marktbeherrschung anstreben
i) ☐ Rentabilität senken

3 Bestimmen Sie in den folgenden Fällen die Art oder die Form des Unternehmenszusammenschlusses.

Fälle	Art oder Form des Unternehmenszusammenschlusses
a) Die Unternehmen Gerber und Schmattke beschließen, gemeinsam ein Prüflabor einzurichten.	
b) Die Brauerei Schwarz erwirbt Anteile kleinerer Brauereien und übernimmt den Verkauf und die Auslieferung der Waren.	
c) Ein Hersteller von Marmortreppen beteiligt sich an einem Marmorsägewerk und plant eine weitere Beteiligung an einer Gesellschaft, die Verkaufsausstellungen für anspruchsvolles Bauzubehör in verschiedenen Städten unterhält.	
d) Die Heizölhändler eines Ortes beschließen einen für alle verbindlichen Verkaufspreis für Heizöl.	
e) Ein Stahlunternehmen entschließt sich, in andere Wirtschaftsbereiche zu investieren. Durch Ankauf eine Aktienpakets erwirbt man 60 Prozent der Stimmanteile am Chemieunternehmen Krelle AG. Anschließend werden Anteile an einer Brauerei erworben.	
f) Ein Automobilkonzern erwirbt 80 Prozent der Aktien eines Elektrokonzerns.	
g) Die Unternehmen Wertheim und Kleiboldt beschließen, gemeinsam unter einem neuen Firmennamen zusammenzuarbeiten.	

4 Wie bezeichnet man die folgenden Tätigkeiten des Kartellamtes?

a) Genehmigung von Unternehmenszusammenschlüssen: ______________________

b) Überwachung marktbeherrschender Unternehmen: ______________________

c) Aufsicht über genehmigungspflichtige und verbotene Kartelle: ______________________

Seite 123–126

Kundengewinnung und Kundenbindung

1 Ordnen Sie die folgenden Maßnahmen den drei Phasen im Kundenkontakt zu:
Reparatur- und Wartungsverträge – Einladung zu Veranstaltungen – Durchführung des Auftrags – Tag der „offenen Tür" – Werbekampagne – Kunden- und Beratungsgespräch – Zusatzgeschäfte abschließen (Cross-Selling) – Gestaltung des Verkaufsraums – laufende Kundeninformationen

Akquise- und Angebotsphase	Abwicklungsphase	After-Sales-Phase

2 Stellen Sie eine Rangfolge der Maßnahmen zur Kundenbindung auf, die Ihr Ausbildungsbetrieb einsetzt oder einsetzen könnte. Geben Sie für die Ränge ein bis drei Beispiele an.

Maßnahmen zur Kundenbindung	Rang 1–7	Beispiele
Reparatur- und Wartungsverträge		
Serviceleistungen		
Bonusleistungen		
Laufende Kundeninformationen		
Anrufe beim Kunden		
Kontaktpflege		
Beschwerdemanagement		

Seite 127–130

Umgang mit Reklamationen

1 a) Entspricht die in der Illustration dargestellte Art, mit Reklamationen umzugehen, Ihren Erfahrungen?

b) Man sagt: „Ein unzufriedener Kunde ist ein verlorener Kunde." Warum kann sich dennoch ein richtiger Umgang mit Reklamationen für ein Unternehmen positiv auswirken?

c) Nennen Sie fünf Regeln, die bei der Abwicklung einer Kundenreklamation zu beachten sind.

d) Wie sollten sich Mitarbeiter beim Kunden präsentieren? Schildern Sie vier Beispiele.

Seite 131–134

Marktforschung

1 Entscheiden Sie durch Ankreuzen, ob die nachfolgenden Informationsmöglichkeiten der Primär- oder der Sekundärforschung zuzuordnen sind.

Informationsmöglichkeiten	Primärforschung	Sekundärforschung
a) Verhalten der Kunden beobachten		
b) Fachzeitschriften auswerten		
c) Daten über die Marktentwicklung erheben		
d) Kundendateien sichten		
e) Berichte der Außendienstmitarbeiter lesen		
f) Kunden und Hersteller befragen		
g) Testpersonen Produkte vorlegen		

2 Frau Bachmann, Inhaberin eines Damenfriseursalons, liest in einer Fachzeitschrift: „In Deutschland gab es am Jahresende 2008 rund 72 380 Friseursalons. Der Durchschnittsumsatz je Betrieb lag bei 180 000 €. Davon entfielen auf Damensalons und -kosmetik 73 Prozent, auf Herrensalons 19 Prozent und auf den Produktverkauf acht Prozent. Von je 100 Kunden im Damensalon (Mehrfachnennungen möglich) erhielten 64 einen Haarschnitt, 61 eine Föhnfrisur, 29 eine Intensivkur, 16 eine Wasserwelle, 15 eine Färbung oder Blondierung, 14 Strähnen, neun eine Tönung, sechs wählten Wash, Cut & Go, fünf eine Umformung und drei eine Kopfmassage.“

Stellen Sie die Informationen des Artikels zum Jahresumsatz als Kreisdiagramm und die Informationen zur Verteilung der Leistungen in einem Friseursalon als Balkendiagramm dar.

Von je 100 Kunden erhielten …

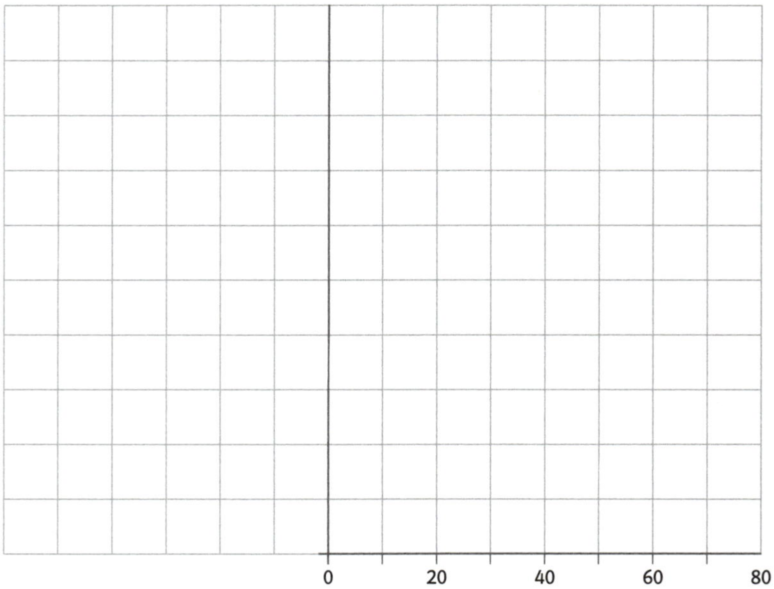

Seite 135–140

Marketing-Mix und Corporate Identity

Picture-Alliance (dpa-infografik), Frankfurt

1 a) Nennen Sie fünf Ziele der Kommunikationspolitik.

b) Nennen Sie für fünf der in der Grafik genannten Branchen einen aktuellen Werbeslogan.

2 Wie bezeichnet man die folgenden Formen der Kommunikationspolitik?

a) Das Schaufenster eines Friseursalons wird neu gestaltet.

b) Ein Metzgermeister wird Karnevalsprinz.

c) Ein Unternehmen unterstützt eine Kulturveranstaltung. Auf der Eintrittskarte stehen das Logo und der Name dieses Unternehmens.

d) Ein Schreinermeister wirbt mit Anzeigen in der Lokalpresse.

e) In der Lokalzeitung erscheint ein Bericht über das Firmenjubiläum der Schreinerei Storm.

f) Ein Discounter lässt der Lokalzeitung Angebotsprospekte beilegen.

g) Ein Topfhersteller richtet in einem Haushaltswarengeschäft einen Informationsstand über Produktneuheiten ein.

Seite 135–140

3 Ein Bekleidungsunternehmen muss sich für ein Vertriebssystem entscheiden. Führen Sie eine Bewertung anhand der vorgegebenen Anforderungen durch. Geben Sie bei Ihrer Bewertung jeweils 0–3 Punkte für die entsprechende Anforderungsart:
0 = mangelhaft, 1 = ausreichend, 2 = befriedigend, 3 = gut

Anforderungen	Groß- und Einzelhandel	Onlinehandel	Filialsystem
Kontakt zum Kunden			
Einfluss/Kontrolle durch den Hersteller			
Produktkenntnis			
Branchenkenntnis			
Interesse am Umsatz des Herstellers			
Kosten für den Hersteller			
Flächendeckendes Angebot			

4 Zur Corporate Identity gehören Corporate Design, Corporate Communication und Corporate Behaviour. Ordnen Sie die folgenden Maßnahmen den einzelnen Bereichen zu.

Maßnahmen	Corporate Design	Corporate Communication	Corporate Behaviour
a) Unverwechselbare Zeichen und Schriftzüge			
b) Verhaltensregeln für Mitarbeiter festlegen			
c) Umgang mit Beschwerden festlegen			
d) Öffentlichkeitsarbeit betreiben			
e) Werbemaßnahmen durchführen			
f) Einheitliche Arbeitskleidung für Mitarbeiter			

5 Benennen Sie die produktpolitische Maßnahme eines Fahrradherstellers und ordnen Sie diese einer Phase des Produktlebenszyklus zu (→ Grafik S. 49).

	Produktpolitische Maßnahme	Phase im Produktlebenszyklus
a) Die Produktion von City-Rädern wird eingestellt.		
b) Das Design der Mountainbikes wird verändert.		
c) Es werden Fahrradtaschen neu in das Sortiment aufgenommen.		

Seite 135–140

6 Ein Hersteller von Motorrädern hat anhand der jährlichen Umsatzzahlen folgenden Produktlebenszyklus für ein Produkt festgestellt:

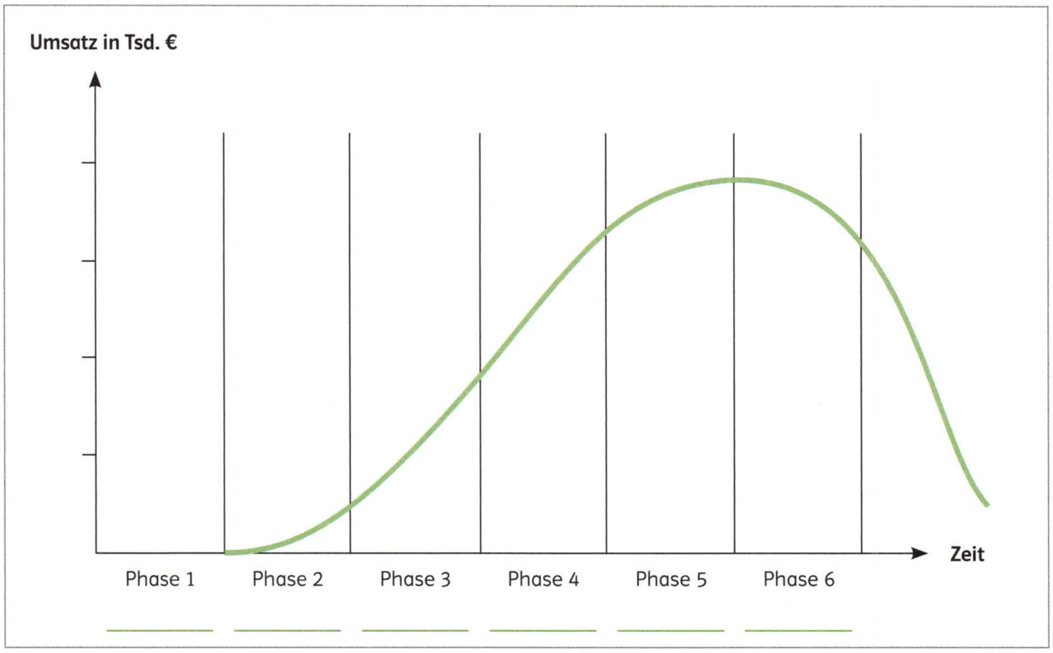

Ordnen Sie den einzelnen Phasen die folgenden Bezeichnungen zu:
a) Wachstum b) Reife c) Forschung und Entwicklung d) Eliminierung e) Marktsättigung f) Einführung

7 Bei vielen Produkten hat sich die Dauer des Produktlebenszyklus in den vergangenen Jahren verkürzt. Was könnten die Gründe dafür sein?

____

____

____

____

8 Beschreiben Sie die Preisentwicklung.

Die meisten Unternehmen orientieren sich bei der Preisfestsetzung am Marktpreis. Dieser ergibt sich aus dem Verhalten der ______________ und dem Verhalten der ______________. Ist die angebotene Menge größer als die Nachfrage, dann ______________ der Preis. Ist die Nachfrage größer als die angebotene Menge, dann ______________ der Preis. Andererseits bestimmt der Preis aber auch Nachfrage und Angebot. Bei einem hohen Preis ______________ das Angebot und die Nachfrage ______________. Dadurch ______________ der Preis. Dies führt dazu, dass das Angebot ______________ und die Nachfrage ______________.
Dadurch ______________ der Preis.

Seite 141–145

Verbraucherschutzbestimmungen

1 Tragen Sie die entsprechenden gesetzlichen Bestimmungen zum Verbraucherschutz ein.

Fall	Bestimmungen
a) Frau Gregor schließt mit einem Vertreter an der Haustür einen Vertrag über den Bezug einer Fernsehzeitschrift für die Dauer eines Jahres ab. Noch am gleichen Tag bereut sie ihre Entscheidung.	
b) Metzgermeister Schmidt vergleicht auf dem im Schaufenster angebrachten Plakat seine günstigeren Preise für Rindfleisch mit denen der Konkurrenz.	
c) Ein Fernseher gerät kurz nach Inbetriebnahme in Brand, wobei ein Teil der Wohnzimmereinrichtung zerstört wird.	
d) In der Bäckerei sind die Preise für die verschiedenen Brötchensorten nicht ausgezeichnet.	
e) Peter hat im Internet einen Monitor für seinen PC bestellt. Zwei Tage später erfolgt die Lieferung der Ware. Aus der beiliegenden Rechnung ergibt sich, dass zum vereinbarten Preis zusätzliche Versandkosten in Höhe von 15 Euro zu zahlen sind. Peter möchte vom Kauf zurücktreten.	
f) Herr Schleifer schließt mit einem Elektrofachgeschäft einen Teilzahlungsvertrag über ein Videogerät ab. Zwei Tage später kann er von Verwandten ein fast neuwertiges Gerät günstig übernehmen. Er möchte den Vertrag rückgängig machen.	

2 Tragen Sie die Widerrufsfristen, die bei Haustürgeschäften, Teilzahlungsgeschäften und Fernabsatzverträgen gelten, in die Übersicht ein.

______ Tage	Belehrung über Widerrufsrecht erfolgte bei Vertragsabschluss.
	Belehrung über Widerrufsrecht erfolgte nach Vertragsabschluss.
	Es erfolgte keine Belehrung über das Widerrufsrecht.
Kein Widerrufsrecht bei	Haustürgeschäften, wenn: Teilzahlungsgeschäften, wenn:

Seite 146–150

Aufwendungen und Erträge – Kosten und Leistungen

1 Bestimmen Sie, ob die folgenden Sätze richtig oder falsch sind.

	richtig/falsch
a) Den in einem Unternehmen verbrauchten Wert an Gütern und Dienstleistungen bezeichnet man als Aufwendungen.	______
b) Ein Unternehmen erzielt einen Gewinn, wenn in einer Periode die Einnahmen größer als die Ausgaben sind.	______
c) Unter Abschreibungen versteht man den Wertverlust eines Anlagegutes innerhalb einer Periode.	______
d) Der Wertverlust eines Anlagegutes zählt nicht zu den Kosten.	______
e) Der Liquiditätsplan zeigt dem Unternehmer den Stand von Gewinn und Verlust.	______
f) Aus der Gegenüberstellung von Kosten und Leistungen errechnet sich das Betriebsergebnis.	______
g) Zu den Aufgaben der Kostenrechnung gehören die Kalkulation des Verkaufspreises, der Kostenvergleich und die Kostenkontrolle.	______

2 Ordnen Sie die Kostenrechnungsarten Deckungsbeitragsrechnung, Zielkostenrechnung, Prozesskostenrechnung und Vollkostenrechnung den einzelnen Feldern zu.

Kostenrechnungsarten

Die ______________________

____

unterteilt die Kosten in fixe und variable Kosten.

Die ______________________

____

unterteilt die Kosten in Einzel- und Gemeinkosten.

Die ______________________

____

legt fest, in welcher Höhe Kosten anfallen dürfen.

Die ______________________

____

erfasst die Kosten einzelner Arbeitsgänge.

Seite 151–155

Einzel- und Gemeinkosten

1 Ergänzen Sie die folgende Übersicht.

Bereiche der **Vollkostenrechnung**

______________ ______________ ↓ ______ Kosten sind entstanden?	______________ ______________ ↓ ______ Kosten sind entstanden?	______________ ______________ ↓ ______ Kosten sind entstanden?

2 Die Kostenartenrechnung unterteilt die Kosten in Einzel- und Gemeinkosten. Erläutern Sie die beiden Begriffe:

a) Einzelkosten: ______________________________

____

____

b) Gemeinkosten: ______________________________

____

____

c) Ordnen Sie die folgenden Positionen den Einzel- und Gemeinkosten zu:
Akkordlohn – Meistergehalt – Miete – Abschreibungen für Maschinen – Materialverbrauch – Stromverbrauch – Verpackungskosten – Büromaterial

Einzelkosten

Gemeinkosten

Seite 151–155

3 Die Kostenstellenrechnung verteilt im Betriebsabrechnungsbogen (BAB) die Gemeinkosten auf die Kostenstellen und ermittelt die Zuschlagssätze.

a) Vervollständigen Sie die fehlenden Werte des BAB.

Vereinfachter Betriebsabrechnungsbogen: Monat Juni						
Gemeinkosten	**€**	**Verteilung**	**Kostenstellen**			
			Material	**Fertigung**	**Verwaltung**	**Vertrieb**
Personal	60000	2 : 4 : 3 : 1				
Abschreibung	50000	1 : 2 : 1 : 1				
Miete	8000	2 : 4 : 1 : 1				
Fahrzeugkosten	12000	1 : 2 : 1 : 4				
Zinsen	6000	3 : 4 : 3 : 2				
Versch. Kosten	9000	Belege	2000		3000	
Summe der Gemeinkosten	145000			**56000**		**25000**
Zuschlags-grundlagen			Fertigungs-material 145000	Fertigungs-löhne 35000	Herstellkosten 265000	

b) Wie werden die Herstellkosten ermittelt?

\+ ______________________ ______________

\+ ______________________ ______________

\+ ______________________ ______________

\+ ______________________ ______________

= Herstellkosten 265000

c) Errechnen Sie anhand der obigen Zahlenangaben die einzelnen Zuschlagssätze:

MGKZ = $\frac{\text{Materialgemeinkosten} \times 100}{\text{Fertigungsmaterial}}$ = ______________ = ______ %

FGKZ = ______________________ = ______________ = ______ %

VwGKZ = $\frac{\text{\_\_\_\_\_\_\_\_\_\_\_\_}}{\text{Herstellkosten}}$ = $\frac{\text{\_\_\_\_\_\_\_\_}}{265000}$ = ______ %

VtrGKZ = ______________________ = ______________ = ______ %

Seite 151–155

4 Die Kostenträgerrechnung ordnet die Kosten den Aufträgen bzw. Produkten zu.

a) Berechnen Sie den Bruttoverkaufspreis für einen Elektromotor, wenn folgende Zahlenangaben vorliegen:

Fertigungsmaterial:	3 000 €
Materialgemeinkosten:	20 %
Fertigungslöhne:	1 500 €
Fertigungsgemeinkosten:	160 %
Verwaltungsgemeinkosten:	13 %
Vertriebsgemeinkosten:	9 %
Gewinnzuschlag:	5 %
Mehrwertsteuer:	19 %

	%	€	€
1. Fertigungsmaterial		______	
+ 2. Materialgemeinkosten	______	______	
= 3. Materialkosten (1 + 2)			______
+ 4. Fertigungslöhne		______	
+ 5. Fertigungsgemeinkosten	______	______	
= 6. Fertigungskosten (4 + 5)			______
= 7. Herstellkosten (3 + 6)			______
+ 8. Verwaltungsgemeinkosten	______	______	
+ 9. Vertriebsgemeinkosten	______	______	
= 10. Selbstkosten			______
+ 11. Gewinn	______	______	
= 12. Nettoverkaufspreis			______
+ 13. Mehrwertsteuer	______	______	
= 14. **Bruttoverkaufspreis**			______

b) Unterscheiden Sie zwischen der Zuschlagskalkulation und der Divisionskalkulation.

Divisionskalkulation ______________________________

____

____

Zuschlagskalkulation ______________________________

____

____

Seite 156–159

Selbstkosten pro Handwerkerstunde

1 Maurermeister Effing liegen folgende Daten zur Berechnung einer Handwerkerstunde vor:

• bezahlte Arbeitszeit	1960 Stunden
• Stundenlohn	17 €
• Lohnnebenleistungen	1500 €
• Lohnnebenkosten	22 Prozent des Jahresarbeitslohns
• Produktive Arbeitszeit	1420 Stunden
• Gemeinkostenzuschlag	60 Prozent der Lohnkosten pro produktive Stunde

a) Worin unterscheidet sich die bezahlte von der produktiven Arbeitszeit?

____

____

b) Erläutern Sie den Begriff Lohnnebenkosten.

____

____

c) Berechnen Sie die Selbstkosten einer Handwerkerstunde für Maurermeister Effing.

Jahresbruttolohn:	=	________ €
+ ________________	=	________ €
= Jahresarbeitslohn	=	________ €
+ ________________	=	________ €
= Jahreslohnkosten	=	________ €
Lohnkosten pro produktive Stunde:	=	________ €
+ ________________	=	________ €
= Selbstkosten pro Handwerkerstunde	=	________ €

2 Dem Malergeschäft Schmidt liegen zur Berechnung eines Angebots folgende Zahlen vor.
- Fertigungsmaterial: 1800 €
- Fertigungslöhne: 40 Meisterstunden zu je 35 €, 75 Gesellenstunden zu je 29 € und 25 Stunden für den Auszubildenden zu je 18 €
- Gemeinkostenzuschlag auf den Lohn: 50 Prozent
- Gewinnzuschlag: 10 Prozent

Berechnen Sie den Angebotspreis:

Fertigungsmaterial	________ €
+ ________________	________ €
+ ________________	________ €
= Selbstkosten	________ €
+ ________________	________ €
= Angebotspreis	________ €

Seite 160–163

Deckungsbeitrag und Preisuntergrenze

1 Die Deckungsbeitragsrechnung (Teilkostenrechnung) unterteilt die Kosten in fixe und variable Kosten. Erläutern Sie die beiden Begriffe.

a) Fixe Kosten: ______________________________

____

b) Variable Kosten: ______________________________

____

c) Ordnen Sie die einzelnen Kosten den fixen und variablen Kosten zu:
Miete – Materialkosten – Akkordlohn – Zinskosten – Abschreibungen Pkw – Benzinkosten – Versicherungen – Verpackungsmaterial

Fixe Kosten	Variable Kosten

d) Der Deckungsbeitrag gibt an, in welcher Höhe der Erlös (Verkaufspreis) die ______________ Kosten übersteigt. Der Deckungsbeitrag errechnet sich aus:

Deckungsbeitrag (ges.) = Gesamterlöse – ______________ Kosten (ges.) oder

Deckungsbeitrag (Stück) = ______________ – ______________

e) Die Preisuntergrenze liegt dort, wo die Erlöse die ______________ Kosten decken.

Der Deckungsbeitrag ist = 0.

Ist der Deckungsbeitrag > als die fixen Kosten, erzielt man einen ______________.

Ist der Deckungsbeitrag < als die fixen Kosten, erzielt man einen ______________.

Seite 160–163

2 In einer Großbäckerei werden in einem Monat 125 000 Brötchen hergestellt.
Die Fixkosten pro Monat betragen 12 000 €, die variablen Kosten (var. K.) pro Stück 0,05 €.
Der Verkaufspreis (VKP) liegt bei 0,11 € (Deckungsbeitrag = DB).

a) Berechnen Sie den Gewinn oder Verlust eines Monats mithilfe der Deckungsbeitragsrechnung.

DB (Stück) = VKP (Stück) – ____________

= 0,11 – ________

= ________

DB (ges.) = ____________

DB (ges.) – Fixkosten = ________ – ________

= ________ (+Gewinn/–Verlust)

b) Bestimmen Sie den Break-even-Point.

Break-even-Point = Fixkosten: ________

= 12 000: ________

= ________

Der Break-even-Point gibt an, ________

____

____

____

3 Ordnen Sie die folgenden Begriffe den in der Grafik angegebenen Zahlen zu:
Verlust – Break-even-Point – fixe Kosten – Gesamtkosten – Gewinn – Deckungsbeitrag – variable Kosten – Erlöse

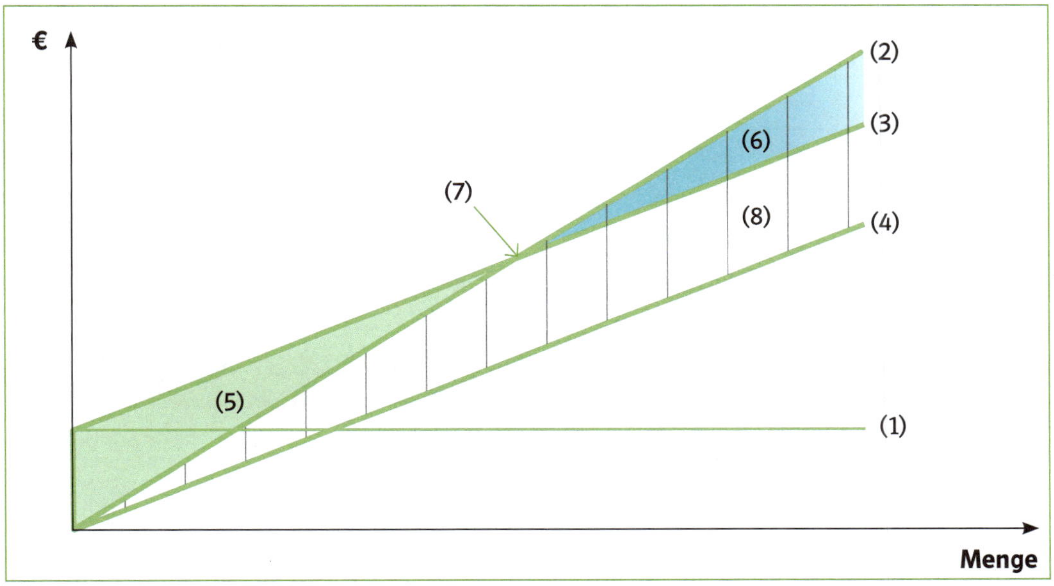

(1) ____________ (5) ____________

(2) ____________ (6) ____________

(3) ____________ (7) ____________

(4) ____________ (8) ____________

Seite 160–163

4 a) Ergänzen Sie die folgende Tabelle zum Gesetz der Massenfertigung (Angabe der Kosten in €).

Monat	Stückzahl	Fixkosten (gesamt)	Fixkosten (Stück)	Variable Kosten (Stück)	Variable Kosten (gesamt)	Gesamtkosten	Stückkosten
Mai	2500			4			
Juni	3000						
Juli	3750	7500					

b) Ergänzen Sie den folgenden Text.

Bei steigender Produktionsmenge verändern sich die

______________________ und die ______________________.

Die ______________________ und die ______________________

verändern sich nicht.

c) Welche Maßnahmen führen zu einer Steigerung der Stückzahlen in einer Periode?

____

____

____

____

5 Beschreiben Sie aus der Sicht des Produzenten und des Verbrauchers die Vor- und Nachteile der Massenproduktion.

Produzent	Verbraucher
Vorteile:	Vorteile:
Nachteile:	Nachteile:

Seite 170–174

Beteiligte im Ausbildungsverhältnis

1 Ordnen Sie durch Ankreuzen die folgenden Tätigkeiten während einer Ausbildung den Lernorten Schule bzw. Betrieb zu.

Tätigkeit	Schule	Betrieb
a) Vertiefung der Allgemeinbildung		
b) Installationen durchführen		
c) Arbeiten im Team		
d) Vermittlung von Arbeitstechniken		
e) Erfüllung der Rahmenlehrpläne		
f) Rationelles Arbeiten		
g) Vermittlung theoretischer Grundlagen		
h) Kunden beraten		
i) Praxisnahes Arbeiten		
j) Vorbereitung auf die Abschlussprüfung		

2 Tragen Sie ein, was in den angegebenen Schriftstücken jeweils geregelt wird.

Ausbildungsordnung	
Ausbildungsberufsbild	
Ausbildungsrahmenplan	
betrieblicher Ausbildungsplan	

Seite 175–179

Rechte und Pflichten in der Ausbildung

1 Stellen Sie die Regelungen für jugendliche Arbeitnehmer aus der Gewerbeordnung von 1892 den heute gültigen Regelungen des Jugendarbeitsschutzgesetzes gegenüber.

Bestimmungen der Gewerbeordnung
über die Beschäftigung jugendlicher Arbeiter (Auszug)

I. Kinder unter 13 Jahren dürfen in Fabriken nicht beschäftigt werden.

II. Kinder über 13 Jahren dürfen in Fabriken nur beschäftigt werden, wenn sie nicht mehr zum Besuch der Volksschule verpflichtet sind. [...]

VI. Kinder unter 14 Jahren dürfen nicht länger als sechs Stunden, junge Leute zwischen 14 und 16 Jahren dürfen nicht länger als zehn Stunden täglich beschäftigt werden.
Die Arbeitsstunden aller Arbeiter unter 16 Jahren dürfen nicht vor 5½ Uhr morgens beginnen und nicht über 8 ½ Uhr abends dauern. Die Arbeiterinnen unter 16 Jahren dürfen überdies am Sonnabend sowie am Vorabend der Festtage nicht nach 5 ½ Uhr nachmittags beschäftigt werden.

VII. Zwischen den Arbeitsstunden müssen allen Arbeitern unter 16 Jahren regelmäßige Pausen gewährt werden.
Für solche, welche nur sechs Stunden täglich beschäftigt werden, muss die Pause mindestens eine halbe Stunde betragen.
Den Übrigen muss mindestens mittags eine einstündige sowie vor- und nachmittags je eine halbstündige Pause gewährt werden. [...]

IX. An Sonn- und Festtagen sowie während der vom ordentlichen Seelsorger für den [...] Konfirmanden-, Beicht- und Kommunionunterricht bestimmten Stunden dürfen Arbeiter unter 16 Jahren nicht beschäftigt werden.

In jedem Arbeitsraume, wo Arbeiter unter 16 Jahren beschäftigt werden, ist eine Tafel, welche diesen Auszug in deutlicher Schrift enthält, aufzuhängen.

Regierungsblatt für das Königreich Württemberg, Nr. 8 vom 31.03.1892, S. 105 (gekürzt)

	Gewerbeordnung 1892	Jugendarbeitsschutzgesetz
Mindestalter		
Gültig für Jugendliche bis ... Jahre		
Arbeitszeit		
Pausen		
Arbeitsbeginn und -ende		
Wochenende		
sonstige Bestimmungen		

Seite 175–179

2 Prüfen Sie in den folgenden Situationsbeschreibungen nach,

- ob gegen Pflichten des Berufsbildungsgesetzes (BBiG) oder des Jugendarbeitsschutzgesetzes (JArbSchG) verstoßen wurde,
- wer gegebenenfalls gegen diese Pflichten verstoßen hat,
- worin dieser Verstoß gegebenenfalls besteht (im Text unterstreichen).

(a) Kevin, 17 Jahre, hat im Autohaus Schwalbe eine Ausbildung zum Kfz-Mechatroniker begonnen. Die wöchentliche Arbeitszeit beträgt 37,5 Stunden, und zwar Montag bis Donnerstag 8 Stunden und am Freitag 5,5 Stunden durchgehend.	
(b) Als Kevin seine erste Abrechnung über die Ausbildungsvergütung erhält, stellt er fest, dass ihm die Berufsschultage nicht bezahlt worden sind.	
(c) Kevin macht seinen Führerschein. Wegen der Fahrstunden vereinbart er mit dem Meister, dass er an Tagen mit Fahrstunden seine Mittagspause auf 30 Minuten kürzt und eine halbe Stunde früher geht.	
(d) Kevin nimmt eine Woche lang an einer überbetrieblichen Ausbildungsmaßnahme teil. Die deswegen im Betrieb versäumten Tage muss er an den folgenden Samstagen nacharbeiten.	
(e) Kevin wendet sich an die Handwerkskammer und erkundigt sich, ob der Ausbildungsbetrieb ihn nacharbeiten lassen darf. Er wird deswegen von Herrn Schwalbe senior ins Büro bestellt, der ihm Verletzung der Schweigepflicht vorwirft.	
(f) Der Meister lässt sich von Kevin das Berichtsheft vorlegen. Dabei stellt sich heraus, dass Kevin die Seiten seines Kumpels Jonas kopiert und nur seinen Namen eingesetzt hat.	
(g) Kevin besteht die Zwischenprüfung nicht. Der Meister ist der Überzeugung, dass Kevin nicht richtig für die Prüfung gelernt hat. Herr Schwalbe senior kündigt darum das Ausbildungsverhältnis fristlos.	

Seite 180–183

Lernen für den Beruf

1 Das Berufsbildungsgesetz unterscheidet zwischen *Berufsausbildung*, *Umschulung* und *Fortbildung*. Ordnen Sie die folgenden Aussagen den drei Begriffen zu und tragen Sie den Lösungsbuchstaben und ein Stichwort in die entsprechende Spalte der Übersicht ein.

a) Aufbau auf vorheriger Qualifikation
b) Aufsicht durch zuständige Kammer
c) Betrieb zahlt Ausbildungsvergütung
d) Duales System
e) Erstausbildung
f) Finanzierung durch Agentur für Arbeit
g) Höherqualifizierung im Beruf
h) Neue Qualifikation
i) Pflicht zum Besuch der Berufsschule
j) Weiterbildung
k) Zweiter Bildungsweg

Berufsausbildung	Fortbildung	Umschulung

2 Nennen Sie drei Gründe, warum Fortbildung immer wichtiger wird.

1. ______
2. ______
3. ______

3 a) Grenzen Sie Anpassungsfortbildung und Aufstiegsfortbildung knapp gegeneinander ab.

Anpassungsfortbildung	Aufstiegsfortbildung

b) Nennen Sie drei Fortbildungsmöglichkeiten in Ihrem Beruf und ordnen Sie zu, ob es sich um Anpassungs- oder Aufstiegsfortbildungen handelt.

1. ______
2. ______
3. ______

Seite 184–188

Berufliche und private Lebensplanung

1 Erläutern Sie die Bedürfnispyramide nach Maslow.

a) Beschriften Sie die fünf Stufen der Bedürfnispyramide. Nennen Sie für jede Stufe ein Beispiel.

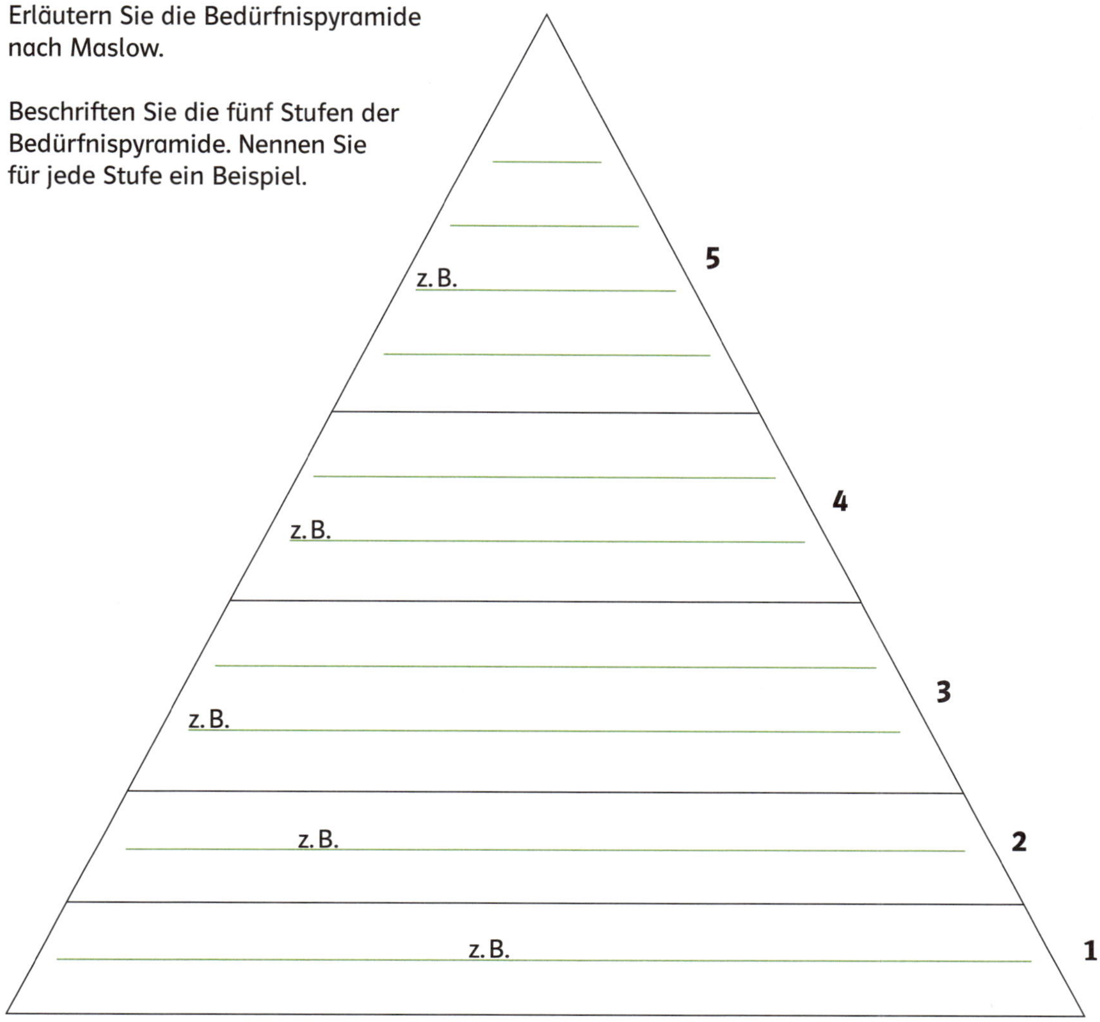

b) Ordnen Sie die Ergebnisse der folgenden Umfrage jeweils der richtigen Stufe der Bedürfnispyramide zu.

Was wichtig ist im Leben ...
Ergebnisse einer Umfrage unter der deutschsprachigen Bevölkerung ab 14 Jahren

94 % Familie, Partnerschaft	Stufe ______	87 % gute Bildung	Stufe ______
94 % sichere Zukunft	Stufe ______	86 % Arbeit, feste Anstellung	Stufe ______
94 % finanzielle Unabhängigkeit	Stufe ______	86 % sich etwas leisten können	Stufe ______
90 % schönes Zuhause	Stufe ______	81 % Erfolg im Beruf	Stufe ______
87 % gute (Berufs-)Ausbildung	Stufe ______		

Nach Globus 2497

Seite 184–188

2 Finden Sie eine Lösung, um Beruf und Privatleben unter einen Hut zu bringen.

a) Setzen Sie diesen Dialog zwischen den beiden Partnern fort.
b) Vergleichen Sie die Ergebnisse in der Klasse.

Schatz, mein Chef hat mir angeboten, ab Januar nach Leipzig zu wechseln. Dort kann ich nach ein bis zwei Jahren Führungsaufgaben übernehmen.

Wie stellst du dir das eigentlich vor? Warum sollen wir wegen deiner Karriere alles hier aufgeben?

3 Stellen Sie eine Rangfolge der folgenden Maßnahmen auf, die die Vereinbarkeit von Beruf und Familie für Frauen verbessern sollen.

a) Mehr Betreuungsangebote für Kleinkinder Rang ______
b) Zwei Wochen mehr Urlaub für Mütter mit Kindern unter 14 Jahren Rang ______
c) Mehr Möglichkeiten der Teilzeitarbeit für Männer Rang ______
d) Mehr Möglichkeiten der Teilzeitarbeit für Frauen Rang ______
e) Bessere Chancen für Frauen als neue Selbstständige Rang ______
f) Einrichtung von Betriebskindergärten Rang ______
g) Ganztagsschule Rang ______
h) Spezielle Fortbildungsangebote im Betrieb für Frauen Rang ______
i) Frauenquote auf der Führungsebene von Unternehmen Rang ______
j) Steuervorteile für berufstätige Frauen Rang ______

Seite 189–193

Chancen und Risiken von Berufen

1

Angebot und Nachfrage von Ausbildungsplätzen

	Nachfrage nach Ausbildungsplätzen	Angebot an Ausbildungsplätzen	Unbesetzt gebliebene Ausbildungsplätze
Anlagenmechaniker Sanitär, Heizung, Klima	12069	12123	6,5%
Augenoptiker	2511	2562	7,3%
Fachverkäuferin im Lebensmittelhandwerk	8343	11193	29,7%
Fachmann für Systemgastronomie	1971	2580	27,0%
Raumausstatter	879	747	6,4%
Tierpflegerin	960	477	0,6%
Zweiradmechatroniker	396	276	5,4%

Ausgewählte Berufe, Stand 2014. – Daten aus BiBB-Erhebung: Neu abgeschlossene Ausbildungsverträge zum 30.09., Tabelle 59

a) In welchen der genannten Berufe sind die Chancen für Bewerber besonders gut? Begründen Sie anhand der Tabelle.

Begründung:

b) In welchen der genannten Berufe sind die Chancen für Bewerber besonders schlecht? Begründen Sie anhand der Tabelle.

Begründung:

c) Welche dieser Berufe würden Sie als Modeberufe bezeichnen?

d) Prüfen Sie, ob diese Aussage richtig ist: „In den Berufen, in denen die Nachfrage nach einem Ausbildungsplatz niedriger ist als das Angebot, ist der Prozentsatz der unbesetzt gebliebenen Lehrstellen am höchsten."

Seite 194–197

Lohn- und Gehaltsabrechnung

1 Abzüge vom Lohn

a) Berechnen Sie in den folgenden beiden Fällen die Abzüge vom Lohn und den Nettolohn.
- Leon Schöffler, Gebäudereiniger, ledig, 26 Jahre, Steuerklasse I, freikirchlich, wohnhaft in Köln
- Mike Schirmer, Zahntechniker, verheiratet, ein Kind, 30 Jahre, Steuerklasse III, evangelisch, wohnhaft in Wanne-Eickel

Die aktuellen Werte für die Sozialversicherungsbeiträge (Spalte 2) finden Sie auf www.klett.de/online unter dem Code 242t9x.

	Abzug in %	Leon Schöffler	Mike Schirmer
Bruttolohn im Monat März		2453,00 €	2448,00 €
Sozialversicherungsbeiträge des Arbeitnehmers	Arbeitnehmeranteil		
• Krankenversicherung (angenommener Zusatzbeitrag des Arbeitnehmers: 0,9 %)	%	€	€
• Pflegeversicherung	%	€	€
• Rentenversicherung	%	€	€
• Arbeitslosenversicherung	%	€	€
Lohnsteuer nach der Lohnsteuertabelle (→ Auszug unten)		€	€
– Solidaritätszuschlag	% der Lohnsteuer	€	€
– Kirchensteuer	% der Lohnsteuer	€	€
Nettolohn im Monat März		€	€

Allgemeine Monats-Lohnsteuertabelle 2015

Kinderfreibetrag			0		0,5		1	
ab €	StKl	Steuer	SolZ	KiSt	SolZ	KiSt	SolZ	KiSt
2.448,00 €								
	I	313,66	17,25	28,22	12,75	20,87	8,51	13,92
	II	282,58	--	--	11,14	18,23	6,99	11,44
	III	101,83	–	9,16	–	4,12	–	–
	IV	313,66	17,25	28,22	14,97	24,50	12,75	20,87
	V	577,66	31,77	51,98	–	–	–	–
	VI	612,33	33,67	55,10	–	–	–	–
2.451,00 €								
	I	314,41	17,29	28,29	12,79	20,93	8,54	13,98
	II	283,33	--	--	11,17	18,29	7,03	11,50
	III	102,33	–	9,20	–	4,16	–	0,02
	IV	314,41	17,29	28,29	15,01	24,56	12,79	20,93
	V	578,66	31,82	52,07	–	–	–	–
	VI	613,50	33,74	55,21	–	–	–	–
2.454,00 €								
	I	315,16	17,33	28,36	12,83	20,99	8,58	14,04
	II	284,08	--	--	11,21	18,35	7,06	11,56
	III	103,00	–	9,27	–	4,21	–	0,07
	IV	315,16	17,33	28,36	15,05	24,62	12,83	20,99
	V	579,66	31,88	52,16	–	–	–	–
	VI	614,50	33,79	55,30	–	–	–	–
2.457,00 €								
	I	315,91	17,37	28,43	12,87	21,06	8,62	14,10
	II	284,83	–	–	11,25	18,41	7,10	11,62
	III	103,50	–	9,31	–	4,25	–	0,10
	IV	315,91	17,37	28,43	15,09	24,69	12,87	21,06
	V	580,66	31,93	52,25	–	–	–	–
	VI	615,50	33,85	55,39	–	–	–	–
2.460,00 €								
	I	316,66	17,41	28,49	12,90	21,11	8,65	14,16
	II	285,50	–	–	11,29	18,47	7,13	11,67
	III	104.16	–	9,37	–	4,30	–	0,14
	IV	316,66	17,41	28,49	15,12	24,75	12,90	21,11
	V	581,66	31,99	52,34	–	–	–	–
	VI	616,50	33,90	55,48	–	–	–	–

Kirchensteuer 9 %. In Bayern und Baden-Württemberg gelten andere Kirchensteuersätze.
Imacc Firmen Ratgeber: Lohn, Gehalt, Buchhaltung, Steuer, Recht, S. 165 (Auszug)

b) Vergleichen Sie die Nettolöhne von Leon Schöffler und Mike Schirmer. Worauf geht der große Unterschied im Nettolohn zurück?

Seite 194–197

2 Ordnen Sie die Fälle in der ersten Spalte jeweils der richtigen Steuerklasse zu. Manchmal sind mehrere Zuordnungen möglich, von denen aber nur eine sinnvoll ist.

Fälle	Steuerklassen
Esmara Yildiz, geschieden, ein Kind, zwei Arbeitsverhältnisse	Steuerklasse I
Mario Haas, nicht verheiratet, keine Kinder	Steuerklasse II
Birgit Kawuschke und Rosa Gundaich, in eingetragener Lebensgemeinschaft, keine Kinder; beide verdienen etwa gleich viel.	Steuerklasse III
	Steuerklasse IV
Dolores Linke, verwitwet, keine Kinder	Steuerklasse V
David und Hannah Kröger, verheiratet, zwei Kinder; David arbeitet in Vollzeit, Hannah in Teilzeit.	Steuerklasse VI
Lukas Schwarz, nicht verheiratet; ein normales Arbeitsverhältnis, ein Minijob	keine Steuerpflicht

3 Unterstreichen Sie die Fehler im Text und stellen Sie den Sachverhalt in der rechten Spalte richtig.

Die Höhe der Lohnsteuer hängt nicht nur vom Einkommen ab, sondern auch von der Zahl der Kinder.	
Ein Einkommen von 450 € im Monat ist immer steuerfrei (Grundfreibetrag).	
Wer ein Einkommen über der Versicherungspflichtgrenze hat, kann sich von der Krankenversicherungspflicht befreien lassen.	
Beiträge zur Krankenversicherung, Pflegeversicherung, Rentenversicherung und Arbeitslosenversicherung müssen nur bis zur Beitragsbemessungsgrenze bezahlt werden.	
Die Beitragsbemessungsgrenze liegt immer höher als die Versicherungspflichtgrenze.	

Seite 198–203

Aufgaben der Sozialversicherungen

1 Ergänzen Sie die fehlenden Informationen zu den Zweigen der Sozialversicherung.

Zweig der Sozialversicherung	Gesetzliche Krankenversicherung	Gesetzliche Rentenversicherung	Arbeitslosenversicherung		
Träger		Deutsche Rentenversicherung Bund		Pflegekassen der Krankenkassen	Berufsgenossenschaften, Unfallkassen
Pflichtversicherung für (bitte ankreuzen)					
Arbeiter					
Angestellte					
Selbstständige	–	–	–	–	–
Arbeitslose					
Schüler/Studenten	X	–	–	X	X
Auszubildende					
Wichtige Leistungen					– Behandlungskosten – Reha-Maßnahmen – Umschulung – Rente bei Erwerbsunfähigkeit und für Hinterbliebene
Wann zahlt diese Versicherung? (= Versicherungsfall)		bei Erreichen des Rentenalters/ bei Erwerbsunfähigkeit			
Höhe der Leistungen abhängig von …? (z. B. Einkommen)	vom Einkommen nur bei Krankengeld				
Beiträge werden bezahlt durch … (AG = Arbeitgeber, AN = Arbeitnehmer)					
Aktuelle Beitragshöhe	______ %	______ %	______ %	______ %	unterschiedlich
Besonderheiten bei der Beitragshöhe					abhängig von Lohnsumme und Schadensklasse des Betriebs

(Stand 2015)

Seite 198–203

2 Bauen Sie selbst ein Rätsel. Drei Begriffe und das Lösungswort aus dem Bereich der Sozialversicherungen sind schon vorgegeben. Erweitern Sie das Rätsel, indem Sie in den anderen Zeilen geeignete Begriffe einfügen. Formulieren Sie jeweils eine Aussage, um den gesuchten Begriff zu erfragen, und tragen Sie diese in der Liste unten ein. Ein Muster für ein solches Rätsel finden Sie auf S. 12.

1					S														
2					O														
3					Z														
4	V	E	R	S	I	C	H	E	R	U	N	G							
5		U	N	F	A	L	L												
6					L														
7					S														
8					T														
9		U	M	L	A	G	E	V	E	R	F	A	H	R	E	N			
10					A														
11					T														

1 ______________________________

2 ______________________________

3 ______________________________

4 Absicherung eines Risikos gegen Zahlung von Beiträgen

5 Eine der Sozialversicherungen zahlt bei einem __________ am Arbeitsplatz.

6 ______________________________

7 ______________________________

8 ______________________________

9 Verfahren zur Finanzierung der Renten

10 ______________________________

11 ______________________________

3 Ergänzen Sie im folgenden Text die fehlenden Begriffe.

Wer als Arbeitsloser Leistungen der Arbeitslosenversicherung erhalten will, nämlich ____________________, muss vorher ______ Monate innerhalb der letzten 24 Monate in diese Versicherung einbezahlt haben. Diese Bedingung wird ____________________ genannt. Die Leistungen sind – außer bei älteren Arbeitnehmern – auf ____ Monate befristet. Eine andere Geldleistung ist das Arbeitslosengeld II. Es wird von der/vom ____________________ bezahlt. Es wird umgangssprachlich oft als ____________________ bezeichnet.

Seite 198–203

4 Muss die gesetzliche Unfallversicherung hier Leistungen erbringen?

Auszug aus dem Sozialgesetzbuch VII (SGB VII):

§ 8 Arbeitsunfall

(1) Arbeitsunfälle sind Unfälle von Versicherten infolge einer den Versicherungsschutz [...] begründenden Tätigkeit (versicherte Tätigkeit). Unfälle sind zeitlich begrenzte, von außen auf den Körper einwirkende Ereignisse, die zu einem Gesundheitsschaden oder zum Tod führen.

(2) Versicherte Tätigkeiten sind auch

1. das Zurücklegen des mit der versicherten Tätigkeit zusammenhängenden unmittelbaren Weges nach und von dem Ort der Tätigkeit,
2. das Zurücklegen des von einem unmittelbaren Weg nach und von dem Ort der Tätigkeit abweichenden Weges, um
   a) Kinder von Versicherten [...], die mit ihnen in einem gemeinsamen Haushalt leben, wegen ihrer, ihrer Ehegatten oder ihrer Lebenspartner beruflichen Tätigkeit fremder Obhut anzuvertrauen oder
   b) mit anderen Berufstätigen oder Versicherten gemeinsam ein Fahrzeug zu benutzen [...],
4. das Zurücklegen des mit der versicherten Tätigkeit zusammenhängenden Weges von und nach der ständigen Familienwohnung, wenn die Versicherten wegen der Entfernung ihrer Familienwohnung von dem Ort der Tätigkeit an diesem oder in dessen Nähe eine Unterkunft haben [...].

SGB VII (gekürzt), Stand Juni 2015

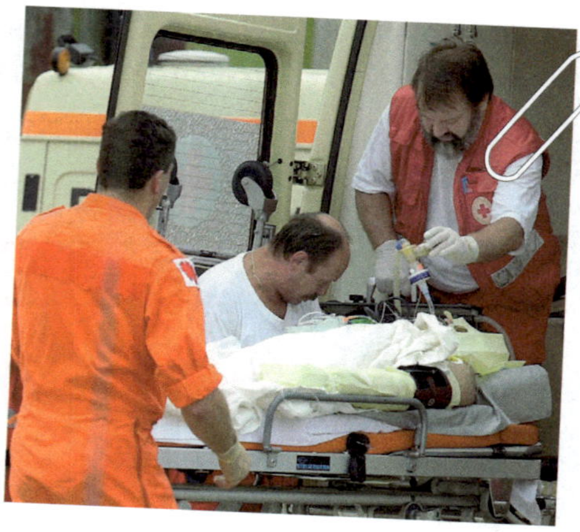

Prüfen Sie, ob bei den folgenden Unfällen die gesetzliche Unfallversicherung Leistungen erbringen muss, und begründen Sie. Einige Fälle können Sie anhand des Auszugs aus dem SGB VII entscheiden. Geben Sie dann bitte jeweils an, auf welche Regelung des Gesetzes Sie sich beziehen.

Fallbeispiel	Beurteilung
(a) Frau Spannagel hält auf dem Weg zur Arbeit beim Bäcker an, um ihr Frühstück einzukaufen. Beim Aussteigen rutscht sie auf dem schneeglatten Gehweg aus und bricht sich das Bein.	
(b) Herr Gabert hat auf der Baustelle seine Tasche vergessen. Als er das merkt, kehrt er um, aber denkt in der Eile nicht daran, dass im 1. Stock eine ungesicherte Öffnung ist. Er stürzt durch diese Öffnung ins Erdgeschoss. Seine Verletzungen sind so schwer, dass er seinen Beruf nicht mehr ausüben kann.	
(c) Herrn Barth fällt beim Entladen eines Lkw eine Palette auf den Fuß. Weil er keine Sicherheitsschuhe trägt, werden zwei Zehen gequetscht. Er muss das Bein hoch lagern und kann zwei Wochen nicht zur Arbeit kommen.	
(d) Am letzten Tag vor Weihnachten gibt es im Betrieb noch einen Umtrunk. Herr Haselsteiner hat ganz schön gebechert. Trotzdem fährt er mit dem Auto nach Hause. Dabei kommt er von der Fahrbahn ab. Weil er sich nicht angeschnallt hat, wird er aus dem Auto geschleudert. Er kommt in die Unfallchirurgie und anschließend in die Reha und ist zwei Monate arbeitsunfähig.	
(e) Frau Vukovic holt auf dem Weg von der Arbeit ihre Tochter Luisa von der Tagesmutter ab. Weil Luisa auf dem Rücksitz dauernd quengelt, ist Frau Vukovic abgelenkt und nimmt einem anderen Pkw die Vorfahrt. Wegen der Folgen des Verkehrsunfalls muss sie in ärztliche Behandlung und ist eine Woche arbeitsunfähig.	

Seite 198–203

5 Analysieren Sie die Grafik „Kosten des Gesundheitswesens" (S. 202).

Ordnen Sie die folgenden Leistungen der Krankenversicherung bzw. der Pflegeversicherung den in der Grafik genannten Bereichen des Gesundheitswesens zu:

a) stationäre Behandlung ______

b) häusliche Pflege ______

c) Gehhilfen ______

d) Impfungen ______

e) stationäre Operationen ______

f) ambulante Operationen ______

g) Kuren ______

h) verschreibungspflichtige Medikamente ______

i) Vorsorgeuntersuchungen ______

j) zahnärztliche Behandlung ______

6 Betrachten Sie die Entwicklung der Kosten im Gesundheitswesen.

	1992	1995	2000	2005	2010	2012
Gesundheitsausgaben in Mrd. €	158	187	212	240	287	300
Gesundheitsausgaben je Einwohner in €	2000	2300	2600	2900	3500	3800
Anteil am Bruttoinlandsprodukt in %	9,6	10,1	10,3	10,8	11,6	11,3

Zahlen gerundet – Statistisches Bundesamt: Gesundheitsberichterstattung des Bundes, Wiesbaden 2014

a) Berechnen Sie mithilfe der Tabelle, wie stark die Kosten des Gesundheitswesens in Deutschland seit 1992 angestiegen sind.

in Mrd. Euro: ______

je Einwohner: ______

als Anteil am Bruttoinlandsprodukt: ______

b) Nennen Sie zwei Ursachen für diese Entwicklung.

1. ______

2. ______

c) Stellen Sie zwei Probleme dar, die durch steigende Kosten im Gesundheitswesen entstehen.

1. ______

2. ______

d) Nennen Sie zwei Maßnahmen, die der Staat ergriffen hat, um die Kosten des Gesundheitswesens zu begrenzen.

1. ______

2. ______

Seite 198–203

7 Interpretieren Sie die Grafik „So hoch sind die Renten“ (S. 201).

a) Wie unterscheidet sich die Rentenhöhe von Männern und Frauen in Westdeutschland?

______

______

______

b) Wie unterscheidet sich die Rentenhöhe von Männern und Frauen in Ostdeutschland?

______

______

______

c) Vergleichen Sie die Ergebnisse von West- und Ostdeutschland.

______

______

______

______

d) Welche Rentenhöhe halten Sie persönlich für angemessen für den Lebensunterhalt im Alter? Gehen Sie von einem Einpersonenhaushalt aus.

______

e) Berechnen Sie, wie viel Prozent der Renten der Männer und der Frauen (in Westdeutschland) unter diesem Betrag liegen.

Männer: ______ Frauen: ______

8 Die Renten aus der gesetzlichen Rentenversicherung werden in Zukunft niedriger sein als heute. Ordnen Sie die folgenden Ursachen für diese Entwicklung nach Wichtigkeit:

Ursachen	Rang
a) Die Zahl der sozialversicherungspflichtig Beschäftigten geht zurück, weil immer mehr Menschen als Selbstständige, in Minijobs u. Ä. arbeiten.	
b) Die Zahl der Geburten geht zurück. Darum werden in Zukunft weniger Erwerbstätige für mehr Rentner aufkommen müssen.	
c) Die Zahl der Rentner steigt, weil die Lebenserwartung steigt.	
d) Immer mehr Menschen arbeiten nur noch in Teilzeit, sind vorübergehend arbeitslos oder unterbrechen die Berufstätigkeit aus anderen Gründen.	
e) Die jungen Menschen treten später in das Berufsleben ein als früher. Sie arbeiten kürzer, also bekommen sie weniger Rente.	
f) Damit die Beiträge zur Rentenversicherung nicht steigen, werden die Renten nach einer für künftige Rentner ungünstigeren Formel berechnet.	

Seite 204–207

Private Vorsorge für die Wechselfälle des Lebens

1 Die eigene Vorsorge sollte auf drei Säulen ruhen. Tragen Sie in das Schema ein, welche Versicherungen bzw. Vorsorgemaßnahmen zur jeweiligen Säule gehören.

Versichertes Risiko	Gesetzliche Sozialversicherung	Individualversicherungen	Vermögensbildung
Alter			
Arbeitsunfähigkeit			
Pflegebedürftigkeit			

2 Welche Versicherungen brauchen Sie?

a) Tragen Sie in das Schema die drei Arten der Individualversicherungen ein.
b) Ordnen Sie die folgenden Versicherungen diesen Arten zu:
Berufsunfähigkeitsversicherung – Brand- und Elementarschadenversicherung – Glasbruchversicherung – Haftpflichtversicherung – Hausratversicherung – Kfz-Haftpflichtversicherung – Pflege-Zusatzversicherung – Rechtsschutzversicherung – Reisegepäckversicherung – Reiserücktrittskosten-Versicherung – Rentenversicherung – Risiko-Lebensversicherung – Unfallversicherung
c) Stellen Sie innerhalb der jeweiligen Art eine Rangfolge der Versicherungen her nach ihrer Wichtigkeit für eine Familie mit Kindern und Wohneigentum (hinter die jeweilige Versicherung die Rangziffer als Zahl schreiben).

schützen vor den Ansprüchen anderer Personen	tragen die Kosten eines Schadens am eigenen Eigentum	gleichen Einkommensverluste nach persönlichen Schicksalsschlägen aus

Seite 204–211

3 Private Versicherungen und Sozialversicherungen im Vergleich

	Private Versicherungen	Sozialversicherungen
versicherte Risiken (vier Beispiele)	1. ______ 2. ______ 3. ______ 4. ______	1. ______ 2. ______ 3. ______ 4. ______
Wonach richtet sich die Höhe des Beitrags?	______ ______ ______	______ ______ ______
Pflicht-versicherung?		

Leistungen des Sozialstaats

1 Ordnen Sie die Leistungen des Sozialstaats den Zielgruppen und Beispielen zu.

Art der Leistung	Zielgruppe	Beispiele für Leistungen
Fürsorgeleistungen	Für Personen, die Versicherungsbeiträge einbezahlt haben, wenn der Versicherungsfall eintritt (a)	Kindergeld Elterngeld Beamtenpensionen (d)
Versicherungs-leistungen	Für Personen, die besondere Leistungen für die Gemeinschaft erbringen b)	Krankengeld Arbeitslosengeld I Rente (e)
Versorgungs-leistungen	Für Personen, die in einer Notlage sind und sich nicht auf andere Weise helfen können (c)	Arbeitslosengeld II Wohngeld Sozialhilfe (f)

2 Was versteht man unter Subsidiarität?

a) Definieren Sie den Begriff.

______

______

b) Nennen Sie vier staatliche Leistungen, die nach dem Grundsatz der Subsidiarität vergeben werden.

1. ______
2. ______
3. ______
4. ______

Seite 218–222

Arbeitsrecht

1 Tragen Sie zur Bearbeitung der unten stehenden Fälle die gesetzliche Grundlage und die Lösung in das vorgegebene Schema ein. Als gesetzliche Grundlage kommen in Betracht: *Arbeitszeitgesetz **(ArbZG)** – Bundesurlaubsgesetz **(BUrlG)** – Mutterschutzgesetz **(MuSchG)** – Schwerbehindertenschutz des Sozialgesetzbuchs **(SGB IX)** – Gleichbehandlungsgesetz **(AGG)***

Fälle	Gesetzliche Grundlage	Lösung
a) Die Mitarbeiter einer Schreinerei erhalten bei einer täglichen Arbeitszeit von acht Stunden nur 30 Minuten Pause. Außerdem sollen sie einmal in der Woche drei Überstunden leisten.		
b) Peter vereinbart mit seinem Arbeitgeber, dass ihm nur 20 Urlaubstage zustehen, er dafür aber einen etwas höheren Stundenlohn erhält.		
c) In einer Zeitungsanzeige wird die Stelle eines Technischen Zeichners nur für eine männliche Person ausgeschrieben.		
d) In dem Arbeitsvertrag einer Bäckereifachverkäuferin steht folgende Vereinbarung: „Im Falle einer Schwangerschaft kann das Arbeitsverhältnis mit einer Kündigungsfrist von vier Wochen gekündigt werden."		
e) Der Geschäftsführer verlangt von einem Schwerbehinderten, dass er aus betrieblichen Gründen eine Überstunde leisten soll.		

2 Petra arbeitet als Technische Zeichnerin bei einem Chemiekonzern in NRW. Welche Voraussetzungen müssen vorliegen, damit sie Anspruch auf die Bestimmungen des Tarifvertrags hat?

a) Sie muss zunächst unter den ____________, ____________ und ____________ Geltungsbereich des Tarifvertrags fallen.

b) Petra muss Mitglied in der ____________ sein, ihr Arbeitgeber Mitglied im ____________ oder mit der Gewerkschaft einen ____________ ____________ abgeschlossen haben oder die Bestimmungen des Tarifvertrags wurden im ____________ festgelegt oder der Bundesminister für Arbeit hat den Tarifvertrag für ____________.

Seite 223–226

Arbeitsvertrag

1 Bei Antritt eines neuen Arbeitsverhältnisses sind dem Arbeitgeber die Urlaubsbescheinigung, Mitgliedsbescheinigung der Krankenkasse und der Sozialversicherungsnachweis auszuhändigen.

a) Erläutern Sie die Bedeutung dieser Arbeitspapiere.

b) Welche Bedeutung hat das Nachweisgesetz?

2 Prüfen Sie, ob in den folgenden Situationsbeschreibungen Arbeitgeber oder Arbeitnehmer gegen die Pflichten aus dem Arbeitsvertrag verstoßen.

a) Der Betriebsleiter bittet den Betriebsschlosser heute ausnahmsweise zwei Überstunden zu machen, damit die Hobelmaschine wieder flottgemacht werden kann. Dieser lehnt die Bitte mit dem Hinweis ab, dass seine Freunde ihn zum Kartenspiel erwarten.	
b) Michael hat den Auftrag, mit dem Firmen-Pkw Ersatzteile zum Kunden zu bringen. Wegen stark überhöhter Geschwindigkeit landet er im Graben. Am Pkw und an den Ersatzteilen entsteht ein erheblicher Schaden.	
c) Wegen Diebstahls wird Silvio entlassen. Sein Chef lehnt es ab, ihm ein Zeugnis zu geben, weil er fristlos entlassen wurde.	
d) Max arbeitet als Kfz-Mechaniker im Autohaus Vogel. Nach Feierabend repariert er für „Freunde und Nachbarn" deren Autos.	
e) Als der Meister eines Malerbetriebs davon erfährt, dass einer seiner Gesellen von den anderen gemobbt wird, unternimmt er nichts. Schließlich will er es sich nicht mit den Mitarbeitern verderben.	
f) In seiner Stammkneipe erzählt Sven lautstark, wie viel sein Chef für die Küchengeräte im Einkauf bezahlt und wie viel Gewinn dieser an jeder Küche erzielt.	

Seite 223–226

3

Zeugnis

Herr Dennis Schröder, geb. am 24. Mai 1985, war vom 01.09.2012 bis 25.05.2015 in unserem Betrieb als Reparaturschlosser tätig. In dieser Zeit war er in dem Bereich Blechteilefertigung für alle vorkommenden Reparaturarbeiten an den Fertigungsmaschinen zuständig.

Herr Schröder hat sich im Rahmen seiner Fähigkeiten eingesetzt und zeigte für seine Arbeit viel Verständnis.

Er hat die ihm übertragenen Arbeiten im Großen und Ganzen zu unserer Zufriedenheit erledigt.

Mit seinen Vorgesetzten ist er gut zurechtgekommen und wegen seiner Pünktlichkeit war er stets ein Vorbild. Mit dem heutigen Tag endet das Arbeitsverhältnis von Herrn Schröder im beiderseitigen Einvernehmen.

Wir wünschen ihm für die Zukunft alles Gute.

Bocholt, 25.05.2015

Unterschrift

a) Bewerten Sie das Zeugnis, indem Sie „zwischen den Zeilen“ lesen.
Was glauben Sie, was die einzelnen Formulierungen aussagen?

b) Worauf sollte ein Arbeitnehmer bei der Formulierung seines Arbeitszeugnisses achten?

Seite 227–231

Kündigung und Kündigungsschutz

1 Nadine Stern arbeitet seit acht Monaten bei der Spedition Dobrowski Cargo GmbH. In dem Arbeitsvertrag steht unter § 3 „Der Arbeitsvertrag wird auf unbestimmte Zeit geschlossen. Die ersten zwölf Monate gelten als Probezeit." Da aufgrund eines starken Auftragsrückgangs nicht mehr genug zu tun ist, kündigt der Geschäftsführer Dieter Dobrowski Nadine am 05.03. schriftlich mit einer Frist von zwei Wochen.
Überprüfen Sie, ob Herr Dobrowski die gesetzlichen Bestimmungen richtig angewandt hat.

§ 622 BGB
(1) Das Arbeitsverhältnis eines Arbeiters oder eines Angestellten (Arbeitnehmers) kann mit einer Frist von vier Wochen zum Fünfzehnten oder zum Ende eines Kalendermonats gekündigt werden.
(3) Während einer vereinbarten Probezeit, längstens für die Dauer von sechs Monaten, kann das Arbeitsverhältnis mit einer Frist von zwei Wochen gekündigt werden.

§ 623 BGB
Die Beendigung von Arbeitsverhältnissen durch Kündigung oder Auflösungsvertrag bedürfen zu ihrer Wirksamkeit der Schriftform; die elektronische Form ist ausgeschlossen.

2 Prüfen Sie, ob in den folgenden Fällen die gesetzlichen Kündigungsfristen eingehalten wurden:

a) Herrn Maier wird während der Probezeit zum Ende der laufenden Arbeitswoche gekündigt.

b) Frau Schmidt, sechs Jahre im Unternehmen beschäftigt, wird am 14. Juni zum 31. Juli gekündigt.

c) Frau Heinze wird beim Diebstahl von ihrer Chefin erwischt, die daraufhin das Arbeitsverhältnis ab sofort für beendet erklärt.

Seite 227–231

3 Ergänzen Sie das vorliegende Schema über den Ablauf von Kündigungen.

Der Arbeitgeber kündigt ein Arbeitsverhältnis.

Ordentliche, fristgerechte Kündigung	**Außerordentliche, fristlose Kündigung**
Beendigung eines unbefristeten Arbeitsverhältnisses unter Einhaltung der ______ ______	Fortsetzung des Arbeitsverhältnisses ist ______ ______

a) Wurde der ______ angehört?

b) Wurde die ______ eingehalten?

c) Liegt ein besonderer Kündigungsschutz vor?

Für: ______

______

______

d) Ist das Kündigungsschutzgesetz anzuwenden?

Voraussetzungen: ______

e) Wenn ja, ist die Kündigung „sozial gerechtfertigt"?

Das bedeutet, die Kündigung erfolgte aus einem dieser Gründe:

______ Grund, z. B. ______

______ Grund, z. B. ______

______ Grund, z. B. ______

f) Ist bei der betriebsbedingten Kündigung die soziale Auswahl beachtet worden?

Dabei gelten folgende Gesichtspunkte: ______

______

g) Ist eine Weiterbeschäftigung möglich an ______ oder nach ______ oder bei ______?

h) Verstößt die Maßnahme gegen eine Richtlinie des ______?

Seite 227–231

4 Hält der Arbeitnehmer eine Kündigung für ungerechtfertigt, kann er vor dem Arbeitsgericht klagen.

a) Die Arbeitsgerichte regeln Streitigkeiten aus

____

____

____

____

b) Welche Frist ist bei einer Klageerhebung zu beachten?

____

c) Welche Instanzen kennt das Arbeitsgericht und wie setzt es sich zusammen?

1. Instanz	2. Instanz	3. Instanz
______	______	______
Zusammensetzung	**Zusammensetzung**	**Zusammensetzung**
______ ______	______ ______	______ ______

d) Was versteht man unter einem

- Berufungsverfahren? ______________________________

____

- Revisionsverfahren? ______________________________

____

e) Welche Besonderheiten kennt die Arbeitsgerichtsbarkeit?

- Jeder Verhandlung geht eine ______________ voraus.
- In der 1. Instanz kann man sich von ______________________ vertreten lassen.
- In der 1. Instanz trägt jede Partei ihre ______________.

Seite 232–235

Betriebsrat und Jugend- und Auszubildendenvertretung

1 Welcher Zusammenhang wird in diesem Schaubild deutlich? Finden Sie dafür eine Erklärung.

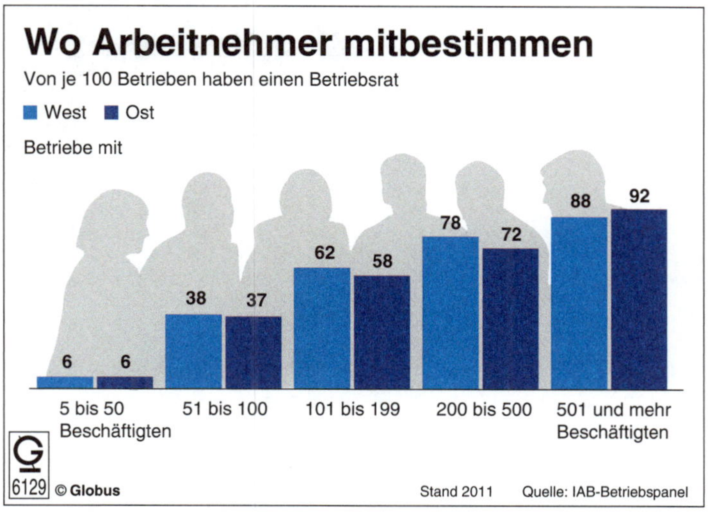

____

____

____

____

____

____

____

____

____

____

____

2 a) Ergänzen Sie die Übersicht, indem Sie die entsprechenden Zahlen einsetzen.

Personenzahl

ab ________ ________	Wahl eines Betriebsrats, davon müssen wahlberechtigt sein
ab ________	Wahl der Jugend- und Auszubildendenvertretung
ab ________	Wahl eines Betriebsrats, bestehend aus drei Mitgliedern
ab ________	Vereinfachtes Wahlverfahren (zweistufiges Wahlverfahren)
ab ________	Freistellung eines Betriebsratsmitglieds von der Arbeit

b) Wie viele Stimmen hat man bei den unterschiedlichen Wahlsystemen?

Mehrheitswahl: ______________________ Verhältniswahl: ________

c) Wann ist eine Verhältniswahl sinnvoll?

____

____

____

Seite 232–235

3 Betrachten Sie das Plakat.

a) Nehmen Sie Stellung zu den Aussagen des Plakats.

b) Beschreiben Sie die besondere Stellung der Betriebsräte im Unternehmen.

4 Welche Aussagen zur Jugend- und Auszubildendenvertretung (JAV) sind richtig, welche falsch?

	richtig/falsch
a) Wählbar sind alle Beschäftigten unter 25 Jahren.	
b) Das Verhältnis von Jugendlichen ohne Ausbildungsvertrag und Auszubildenden muss in der JAV ausgeglichen sein.	
c) Angelegenheiten, die überwiegend Jugendliche bzw. Auszubildende betreffen, können von der JAV mit der Geschäftsleitung ausgehandelt werden.	
d) Jugendvertreter haben nach Ende der Ausbildung Anspruch auf Weiterbeschäftigung.	
e) Die JAV hat bei allen Entscheidungen des Betriebsrats Stimmrecht.	
f) Die Amtszeit der Jugendvertretung ist genauso lang wie die des Betriebsrats.	

Seite 236–239

Handlungsmöglichkeiten des Betriebsrats

1 Das Betriebsverfassungsgesetz unterscheidet zwischen dem echten Mitbestimmungsrecht, dem Anhörungs- und Vetorecht und dem Unterrichtungs- und Beratungsrecht. Ordnen Sie folgende Maßnahmen den drei Rechten des Betriebsrats zu und tragen Sie diese in die richtige Spalte ein.

a) Einführung der Gruppenarbeit
b) Kündigung eines Arbeitnehmers
c) Aufstellung von Urlaubsgrundsätzen
d) Verlagerung der Produktion
e) Festlegung von Beginn und Ende der täglichen Arbeitszeit
f) Einführung neuer Produktionsanlagen
g) Einstellung eines Mitarbeiters
h) Festlegung der Akkord- und Prämiensätze
i) Versetzung eines Mitarbeiters in eine andere Abteilung
j) Art und Umfang der Personalplanung
k) Planung von Überstunden
l) Organisation eines betrieblichen Entsorgungssystems

Echtes Mitbestimmungsrecht	Anhörungs- und Vetorecht	Unterrichtungs- und Beratungsrecht

↑	↑	↑
______ Angelegenheiten	______ Angelegenheiten	______ Angelegenheiten

↓

Kommt es zu keiner Einigung, entscheidet die ______________________.

2 Stellen Sie Vermutungen an, warum der Gesetzgeber dem Betriebsrat unterschiedliche Handlungsmöglichkeiten/Rechte zugestanden hat.

Seite 240–244

Tarifverträge und Tarifauseinandersetzung

1 Bewerten Sie die Verhandlungsstärke der Gewerkschaften, wenn sich die am Tarifkonflikt beteiligten Unternehmen in einer wirtschaftlich guten Situation befinden.

2 Erstellen Sie eine Übersicht, die den Ablauf der Tarifauseinandersetzungen aufzeigt. Bringen Sie dabei die in der Tabelle genannten Begriffe im Schema mit ihren Buchstaben in die richtige Reihenfolge.

Erklärung des Scheiterns der Verhandlung	Schlichtung	Streik	Urabstimmung (> 25 % der Gewerkschaftsmitglieder müssen zustimmen)	Aussperrung
Erklärung des Scheiterns der Schlichtung	Neue Verhandlungen	Benennung von Tarifkommissionen	Urabstimmung (> 75 % der Gewerkschaftsmitglieder müssen zustimmen)	Verhandlungen

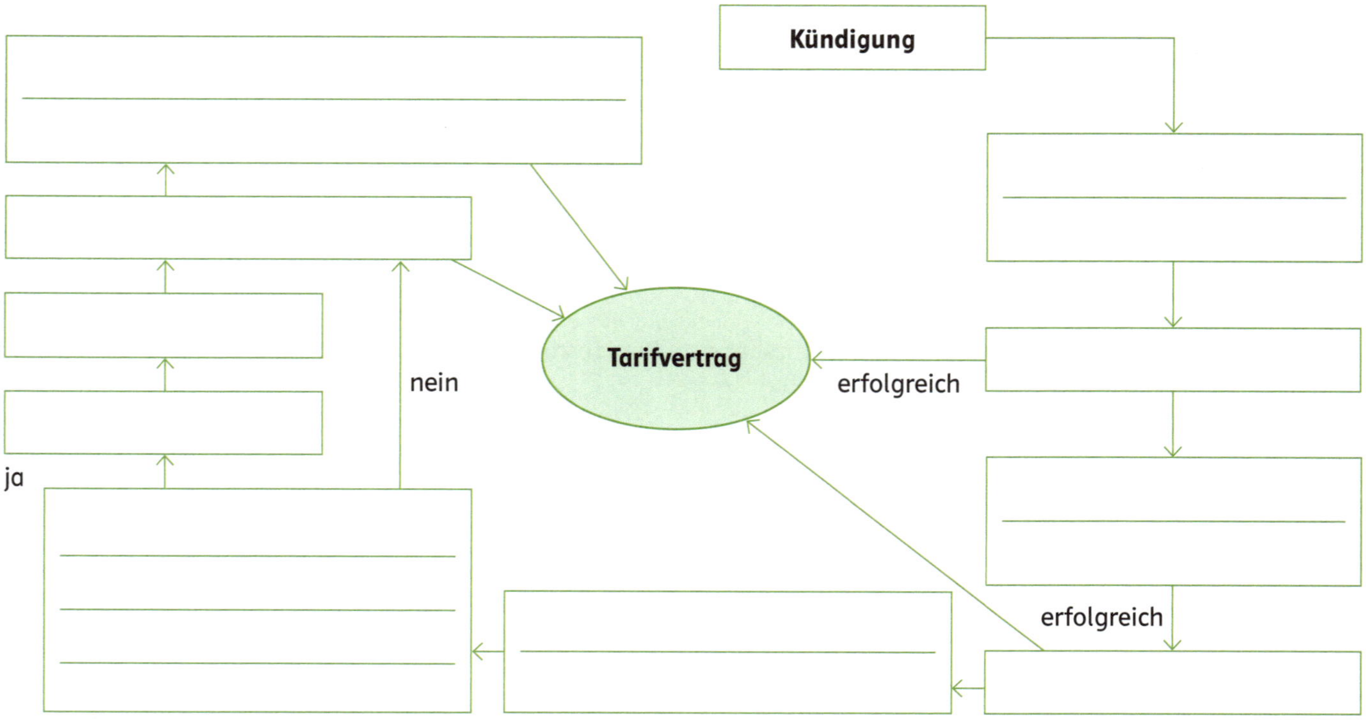

Seite 240–244

3 Lösen Sie das Rätsel. Die unten aufgeführten Erläuterungen helfen Ihnen dabei.

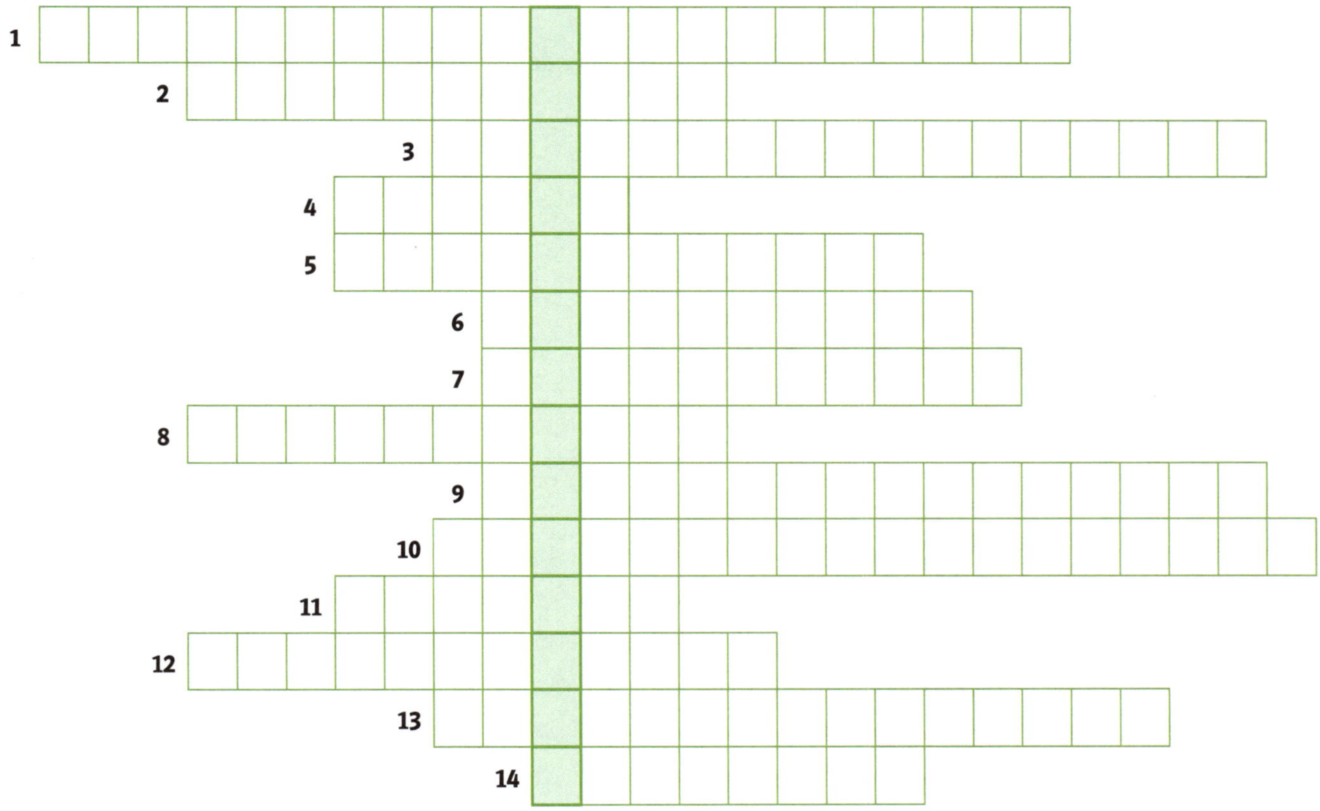

Lösungswort: Das Grundgesetz garantiert den Tarifvertragsparteien dieses Recht.

1. Neben Lohnerhöhung und humaneren Arbeitsbedingungen eine wichtige Forderung der Gewerkschaften
2. Daraus finanzieren die Gewerkschaften den Arbeitskampf.
3. Diese Gruppen führen die Tarifverhandlungen.
4. Kampfmaßnahme der Gewerkschaften
5. Wird am Ende der Tarifverhandlung von beiden Seiten unterzeichnet.
6. Zeitlich begrenzte Arbeitsniederlegung
7. Antwort der Arbeitgeber auf einen Streik
8. Wird eingeleitet, wenn es zu keiner Einigung kommt
9. Dieser Vertrag enthält Lohnsätze sowie Zu- und Abschläge.
10. Dieser Vertrag enthält die allgemeinen Arbeitsbedingungen.
11. Von diesem Wert wird das Tarifgefüge bestimmt
12. Geht jedem Streik voraus
13. Ist von den Tarifvertragsparteien während der Laufzeit des Tarifvertrags unbedingt einzuhalten
14. Muss am Ende der Tarifverhandlung stehen

Seite 245–249

Schutz vor Gefahren am Arbeitsplatz

1 Erläutern Sie die Bedeutung der folgenden Symbole am Arbeitsplatz:

	a) ____________________
	b) ____________________
	c) ____________________
	d) ____________________
	e) ____________________
	f) ____________________
	g) ____________________
	h) ____________________
	i) ____________________
	j) ____________________

Seite 250–253

Ergonomie am Arbeitsplatz

1

Gesundheitliche Beschwerden am Arbeitsplatz
Beschäftigte zwischen 15 und 24 Jahren

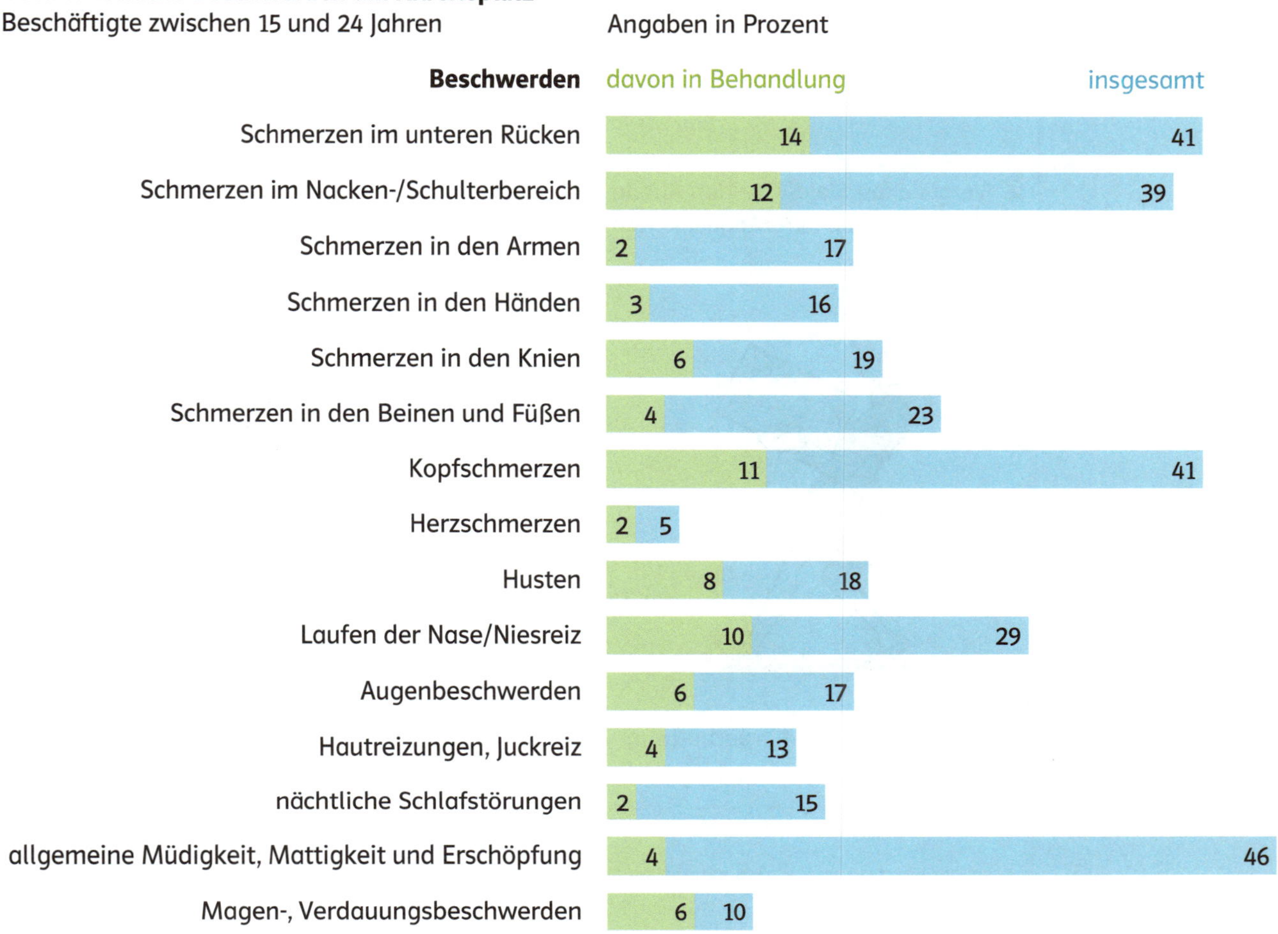

Zahlen gerundet. Datengrundlage: Simon Schmiederer et al.: Grundauswertung der BIBB/BAuA-Jugenderwerbstätigenbefragung, 2014, S. 43–50.

a) Nennen Sie die häufigsten

Beschwerden des Bewegungsapparats	Erschöpfungszustände
1.	1.
2.	2.
3.	**Beschwerden der Atemwege**
4.	1.
5.	2.

b) Zeigen Sie an drei Beispielen Ihrer Wahl Zusammenhänge zwischen der Arbeit und den aufgetretenen Beschwerden auf.

1. ______________________________

2. ______________________________

3. ______________________________

Seite 250–253

c) Nennen Sie drei Maßnahmen oder Verhaltensregeln am Arbeitsplatz, durch die die Häufigkeit der in der Tabelle genannten Beschwerden verringert werden kann.

1. ______________________

2. ______________________

3. ______________________

2 Vergleichen Sie die beiden Abbildungen. Notieren Sie die Unterschiede in der Körperhaltung. Welche der beiden Möglichkeiten, eine Last zu tragen, ist besser?

Linke Abbildung: Körperhaltung

____

Bewertung der Körperhaltung:

____

Rechte Abbildung: Körperhaltung

____

Bewertung der Körperhaltung:

____

3 Nennen Sie vier Maßnahmen, wie Sie Gesundheitsbeschwerden beim Arbeiten an einem Bildschirmarbeitsplatz vermeiden können.

1. ______________________

2. ______________________

3. ______________________

4. ______________________

Seite 260–263

Investitionsrechnung

1 Was versteht man unter:

a) Finanzierung: ______________________________

____

b) Investition: ______________________________

2 Ordnen Sie folgende Bilanzwerte dem Anlage- oder Umlaufvermögen oder dem Fremdkapital zu.

Bilanzwerte	Anlagevermögen	Umlaufvermögen	Fremdkapital
Bankdarlehen			
Warenvorräte			
Maschinen			
Büroausstattung			
Guthaben Bank			
Lieferschulden			
Gebäude			

3 Um welche Art von Investition handelt es sich in den folgenden Fällen?

a) Ein Fitnesscenter baut wegen der starken Nachfrage ein zusätzliches Studio. ______________

b) Der Kunststoffhersteller errichtet für die Herstellung eines neuartigen Produkts eine Produktionsstätte. ______________

c) Um die Leistungsfähigkeit zu erhöhen, tauscht eine Bäckerei einen funktionsfähigen Backofen gegen einen neuen aus. ______________

d) Ein Malergeschäft ersetzt das 15 Jahre alte Transportfahrzeug durch ein neues. ______________

4 Berechnen Sie anhand der folgenden Zahlen die Amortisationszeit einer Investition.

Investitionssumme: 200 000 €
Gewinnerwartung: 1. Jahr = 10 000 €, 2. Jahr = 12 000 €, 3. Jahr = 13 000 €, 4. Jahr = 13 000 €, 5. Jahr = 11 000 €
Abschreibung: jährlich 40 000 € (5 Jahre)

Amortisationszeit = ______________ = ______________

= ______________ Jahre

Seite 260–263

5 Ein Industrieunternehmen plant eine Neuinvestition. Zur Auswahl stehen zwei Maschinen. Folgende Zahlenangaben liegen vor:

Maschine 1		Maschine 2	
Investitionssumme:	400 000 €	Investitionssumme	500000 €
Fixkosten pro Jahr:	100 000 €	Fixkosten pro Jahr:	140000 €
Variable Kosten/Stück:	300 €	Variable Kosten/Stück:	250 €
Kapazitätsgrenze:	1000 Stück/Jahr	Kapazitätsgrenze:	1400 Stück/Jahr

	Jahr 1	Jahr 2	Jahr 3	Jahr 4	Jahr 5
geplante Absatzmenge	800	900	1000	800	700
geplanter Verkaufspreis (€)	500	500	500	500	500

a) Führen Sie eine Kosten- und Gewinnvergleichsrechnung durch.

Maschine 1	Jahr 1	Jahr 2	Jahr 3	Jahr 4	Jahr 5
Erlöse					
Kosten • fix • variabel • gesamt					
Gewinn					

Kosten gesamt: ____________ € Gewinn gesamt: ____________ €

Maschine 2	Jahr 1	Jahr 2	Jahr 3	Jahr 4	Jahr 5
Erlöse					
Kosten • fix • variabel • gesamt					
Gewinn					

Kosten gesamt: ____________ € Gewinn gesamt: ____________ €

b) Bestimmen Sie die Kriterien, die bei der Entscheidung zu berücksichtigen sind.

Seite 264–268

Finanzierungsarten und Kreditsicherheiten

1 Stellen Sie fest, um welche Finanzierungsart es sich in den folgenden Fällen handelt.

	Eigen-finanzierung	Fremd-finanzierung	Innen-finanzierung
Ein Bäckermeister kauft einen neuen Backofen und setzt dafür Rücklagen ein.			
Ein neuer Gesellschafter zahlt 200 000 € Einlage in eine GmbH ein.			
Zur Finanzierung einer Anschaffung wird bei der Bank ein Kredit aufgenommen.			
Schreinermeister Klein entnimmt nur einen Teil des Gewinns aus dem Unternehmen.			

2 Im Autohaus Kalisch hat Petra ihr Traumauto gefunden.
Dazu gibt es folgendes Finanzierungsangebot:
Anzahlung 7500 €, 48 Monatsraten á 294 €, Restzahlung 9750 €, effektiver Jahreszins 7,49 %, Barverkaufspreis 25 000 €.

a) Wie viel teurer ist der Kreditkauf gegenüber dem Barkauf?

Von ihrer Hausbank hat sie auch ein Kreditangebot eingeholt.
Der Tilgungsplan sieht wie folgt aus:

Jahr	Rate (€)	Zinsen (€)	Tilgung (€)
1	5 844	1 454	4 390
2	5 844	1 229	4 615
3	5 844	908	4 936
4	5 844	573	5 271
5	5 844	396	5 448

b) Erläutern Sie, warum sich bei gleichbleibenden Ratenzahlungen die jährlichen Zins- und Tilgungsbeträge unterschiedlich entwickeln.

c) Welches Finanzierungsangebot, über die Bank oder das Autohaus, würden Sie bevorzugen?

Seite 264–268

3 Petras Kreditberater besteht darauf, eine Sicherungsübereignung in den Vertrag aufzunehmen.

a) Was ist damit gemeint? ______________________________

____

b) Einer Bank werden Sicherheiten angeboten. Welche Arten der Kreditsicherung liegen hier vor?

Frau Granich: schuldenfreies Einfamilienhaus ______________________________

Herr Hitpaß: Familienschmuck ______________________________

Spedition Schnell: Lkw ______________________________

Nadine: ihre Eltern als Bürgen ______________________________

Herr Schuster: das monatliche Gehalt ______________________________

4 Welche Art von Kredit (Kontokorrentkredit, Dispositionskredit, Anschaffungsdarlehen, Hypothekendarlehen) sollte in folgenden Situationen zur Finanzierung beantragt werden?

a) Ein Unternehmen kauft ein Grundstück zur späteren Ansiedlung.	
b) Die Eheleute Gerber kaufen ein Wohnhaus.	
c) Das Maschinenbauunternehmen Kranz kauft eine neue Maschine.	
d) Peter möchte einen Urlaub buchen.	
e) Familie Heumer kauft eine neue Wohnzimmereinrichtung.	
f) Der Schreinermeister Grins kann größere Mengen Holz zu sehr günstigen Konditionen erwerben.	

5 Ergänzen Sie die fehlenden Begriffe.

Eine andere Finanzierungsform, die überwiegend Unternehmen in Anspruch nehmen, ist ______________. Zu Beginn des Vertrages erfolgt eine ______________, während der Mietlaufzeit eine ______________ Zahlung, am Ende der Laufzeit erfolgt die ______________ oder der ______________ des Gegenstandes.

Vorteile sind: ______________ werden zunächst geschont, Gegenstände können nach wenigen Jahren gegen ______________ ausgetauscht werden, ein ______________ ist häufig eingeschlossen.

Seite 269–273

Insolvenzverfahren

1 Bestimmen Sie, ob die folgenden Sätze richtig oder falsch sind.

richtig/falsch

a) Die Insolvenzordnung regelt den Ablauf des Insolvenzverfahrens. ____________

b) Ein Insolvenzverfahren wird durch Einleitung beim Arbeitsgericht eröffnet. ____________

c) Nach dem Insolvenzverfahren können die Gläubiger keine weiteren Geschäfte mit dem Schuldner abschließen. ____________

d) Während des Insolvenzfahrens darf der Schuldner nicht mehr über sein Vermögen verfügen. ____________

e) Ein Insolvenzverfahren wird nur eröffnet, wenn die Kosten, die durch das Verfahren entstehen, gedeckt sind. ____________

f) Haben die Arbeitnehmer ihre Löhne noch nicht erhalten, zahlt unter bestimmten Voraussetzungen die Agentur für Arbeit ein Insolvenzgeld. ____________

g) Die Liquidität 1. Grades sollte immer über 100 % liegen. ____________

h) Damit der Schuldner im Rahmen des Restschuldbefreiungsverfahrens von seinen Restschulden befreit ist, muss er zehn Jahre lang seine pfändbaren laufenden Bezüge an einen Treuhänder abtreten. ____________

2 Personelle, sachliche, organisatorische und außerbetriebliche Gründe können die Ursachen für Unternehmenskrisen sein. Um welchen Grund handelt es sich in den folgenden Fällen?

Fälle	Grund
Aufgrund der schlechten Zahlungsmoral der Kunden gerät das Unternehmen in Zahlungsunfähigkeit.	
Gesetzliche Auflagen führen zu höheren Kosten und vermindern die internationale Wettbewerbsfähigkeit.	
Die Koro KG ist in kurzer Zeit von einem kleinen zu einem mittelständischen Unternehmen gewachsen. Die Organisationsstruktur wurde dieser Entwicklung nicht angepasst.	
Die Privatentnahmen der Eigentümer sind sehr viel höher als der erwirtschaftete Gewinn.	
Das Unternehmen hat es rechtzeitig versäumt, Investitionen in neue, moderne Anlagen vorzunehmen.	
Obwohl Herr Schulz die Leitung des Unternehmens auf seinen Sohn übertragen hat, gibt er weiterhin Weisungen an die Mitarbeiter, häufig ohne Abstimmung mit seinem Sohn.	
Die schlechte konjunkturelle Lage führt zu starken Umsatzeinbußen.	
Der starke Anstieg der Mieten für die Verkaufsfläche in der Innenstadt hat zu Verlusten geführt.	

Seite 269–273

3 Lösen Sie das Rätsel. Die einzusetzenden Begriffe ergeben sich aus den unten stehenden Erläuterungen. Die stark umrandeten Buchstaben ergeben das Lösungswort.

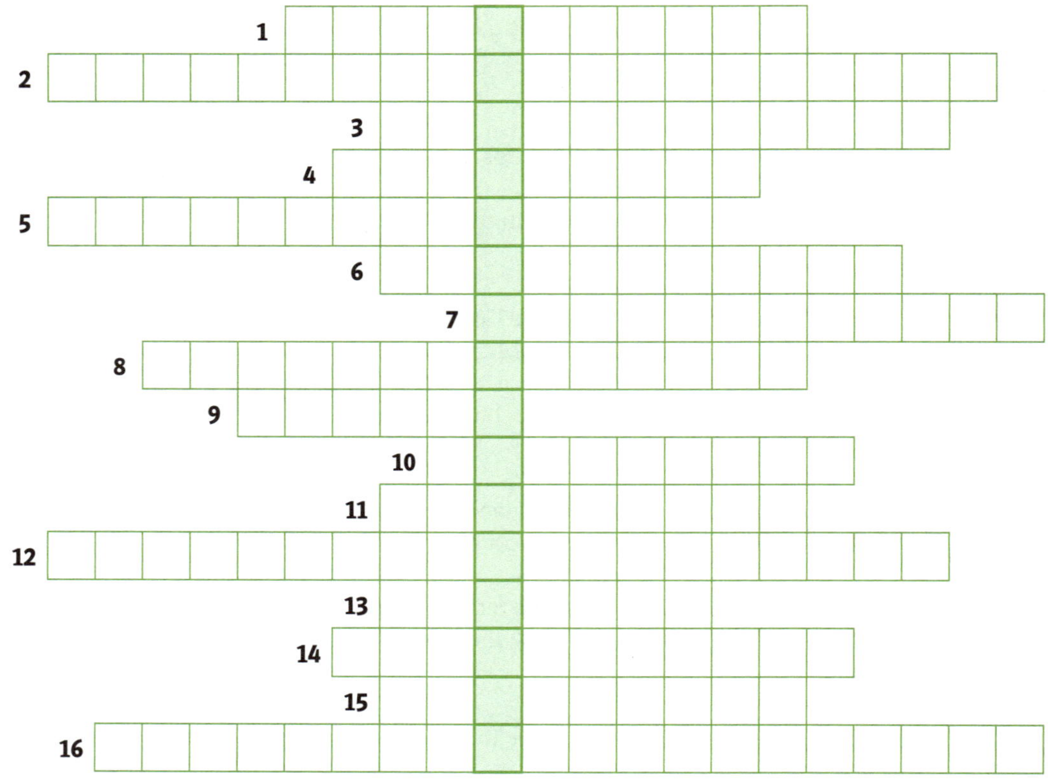

1. Gibt an, in welchem Maß die kurzfristigen Verbindlichkeiten durch flüssige Mittel gedeckt sind
2. Einer der Gründe für die Einleitung des Insolvenzverfahrens
3. Drückt den Wertverlust eines Anlagegutes aus
4. Ein Unternehmen, das seinen Zahlungsverpflichtungen nicht nachkommt, ist …
5. Liegt vor, wenn in der Bilanz die Schulden die Vermögenswerte übersteigen
6. Bei Anschaffung einer Maschine spricht man von einer …
7. Mittel, die dem Unternehmen von den Eigentümern zur Verfügung gestellt werden
8. Gibt an, welchen Prozentsatz ein Insolvenzgläubiger von seinen Forderungen erhält
9. Dort findet man die Auflistung aller Vermögensteile, der Schulden und des Eigenkapitals.
10. Das Vermögen, das zur Verteilung an die Gläubiger zur Verfügung steht
11. Anspruch des Gläubigers an den Schuldner
12. Schließt sich häufig an das Insolvenzverfahren an
13. Die Abweisung des Insolvenzverfahrens kann … Masse erfolgen.
14. Auflösung des Unternehmens
15. Maßnahmen zur Wiederherstellung der Leistungsfähigkeit des Unternehmens
16. Unterbreitet von Arbeitslosigkeit betroffenen Arbeitnehmern Vermittlungsvorschläge und Qualifizierungsmaßnahmen

Seite 274–278

Haushaltsplan und Konsumgewohnheiten

1 a) Welche Positionen des folgenden Haushaltsplans sind üblicherweise feste Ausgaben, welche üblicherweise veränderliche Ausgaben? Kreuzen Sie die entsprechenden Felder an.

Haushaltsplan von Beatrice und Ingmar Botz	Monat: März 20XX	feste Ausgaben	veränderliche Ausgaben
Einnahmen			
Lohn/Gehalt	3340 €		
andere Einkünfte: Kindergeld	368 €		
Summe Einnahmen	3708 €		
Ausgaben			
• Wohnen, Heizung, Strom	340 €	☐	☐
• Nahrungsmittel, Getränke, Tabakwaren	780 €	☐	☐
• Körperpflege, Gesundheitspflege	100 €	☐	☐
• Bekleidung und Schuhe	150 €	☐	☐
• Hausrat, Haustiere, Garten	80 €	☐	☐
• Verkehr (Auto, öffentliche Verkehrsmittel)	710 €	☐	☐
• Kommunikation	140 €	☐	☐
• Freizeit, Unterhaltung, Bildung (Hobbys, Ausgehen)	210 €	☐	☐
• Versicherungen	0 €	☐	☐
• Anschaffungen (Auto, Möbel, Elektronik)	0 €	☐	☐
• Vermögensbildung (Sparvertrag, Altersvorsorge)	60 €	☐	☐
• Verbindlichkeiten aus Krediten (Zinsen, Tilgung)	950 €	☐	☐
• Sonstiges	110 €	☐	☐
Summe Ausgaben	3630 €		
Überschuss/Fehlbetrag	78 €		

b) Nennen Sie zwei Ausgabenposten, die besonders niedrig sind und ziehen Sie als Hilfestellung die Tabelle „Ausgaben privater Haushalte“ heran (S. 276).

1. ______________________________

Grund: ______________________________

2. ______________________________

Grund: ______________________________

c) Warum ist der finanzielle Spielraum von Familie Botz gering? Nennen Sie zwei Gründe.

1. ______________________________

____

2. ______________________________

____

____

____

Seite 279–282

Raus aus den Schulden!

1 Vergleichen Sie anhand der Tabelle die Situation von verschuldeten Verbrauchern bis 24 Jahre mit der Situation von verschuldeten Verbrauchern ab 25 Jahre.

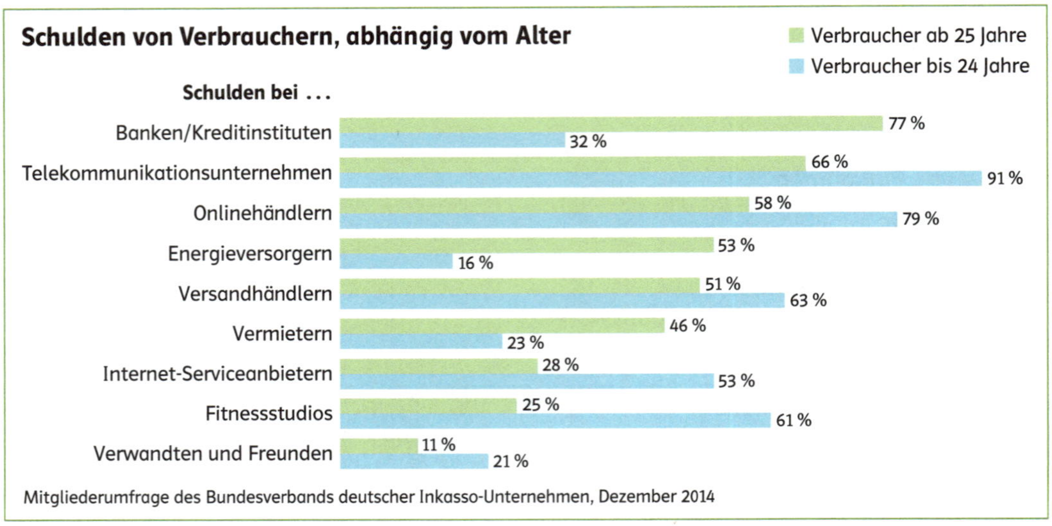

a) Erläutern Sie den Begriff „Gläubiger“.

b) Nennen Sie zwei Gläubiger, die bei Schuldnern bis 24 Jahre eine deutlich geringere Rolle spielen.

1.

2.

c) Nennen Sie zwei Gläubiger, die bei Schuldnern bis 24 Jahre eine deutlich größere Rolle spielen.

1.

2.

d) Nennen Sie zwei Ursachen für diese Unterschiede.

1.

2.

2 Die durchschnittliche Höhe der Schulden von Verbrauchern, die die Hilfe der Schuldnerberatung in Anspruch genommen haben, betrug 2013 laut Statistischem Bundesamt

- bei Schuldnern im Alter von unter 20 Jahren ca. 5300 €
- bei Schuldnern im Alter von 20–25 Jahren ca. 7500 €
- bei Schuldnern im Alter von 25–35 Jahren ca. 16500 €
- bei Schuldnern im Alter von 35–45 Jahren ca. 32300 €

Fachserie 15, Reihe 5, S. 10

Seite 279–282

a) Erklären Sie den Anstieg der Schuldenhöhe ab 25 Jahre mit Hilfe der Grafik auf S. 96 und der Grafik „Häufige Gründe für Überschuldung“ (S. 280).

b) Berechnen Sie, wie lange Sie brauchen würden, um von Ihrem Nettoeinkommen Schulden in Höhe des Betrags zurückzuzahlen, der dem Durchschnitt Ihrer Altersgruppe entspricht, also z. B. 7500 €, wenn Sie zwischen 20 und 25 Jahre alt sind. Nehmen Sie den Haushaltsplan als Ausgangspunkt. Unterscheiden Sie bei Ihrem Nettoeinkommen zwischen Ihrer jetzigen Ausbildungsvergütung und dem Einkommen, das Sie anschließend im Beruf vermutlich erzielen, und den dann anfallenden Ausgaben. Führen Sie die Rechnung ohne Berücksichtigung der Zinsen durch, die Sie für diese Schulden bezahlen müssten.

Mein Haushaltsplan	während der Ausbildung	nach der Ausbildung
Einnahmen		
Lohn/Gehalt	€	€
andere Einkünfte	€	€
Summe Einnahmen	€	€
Ausgaben		
Wohnen, Heizung, Strom	€	€
Nahrungsmittel, Getränke, Tabakwaren	€	€
Körperpflege, Gesundheitspflege	€	€
Bekleidung und Schuhe	€	€
Hausrat, Haustiere, Garten	€	€
Verkehr (Auto, öffentliche Verkehrsmittel)	€	€
Kommunikation	€	€
Freizeit, Unterhaltung, Bildung (Hobbys, Ausgehen)	€	€
Versicherungen	€	€
Anschaffungen (Auto, Möbel, Elektronik)	€	€
Vermögensbildung (Sparvertrag, Altersvorsorge)	€	€
Verbindlichkeiten aus Krediten (Zinsen, Tilgung)	€	€
Sonstiges	€	€
Summe Ausgaben	€	€
Mögliche Rückzahlung im Monat	**€**	**€**

Ergebnis:

1. Bis zum Ende der Ausbildung in ___ Monaten werden insgesamt ______ € zurückbezahlt.
2. Nach dem Ende der Ausbildung müssen noch ______ € zurückbezahlt werden.
3. Die Rückzahlung wäre nach ___ Monaten abgeschlossen.

Seite 283–287

Mahnverfahren und Verjährung

RECHTSANWÄLTE FUCHS & PARTNER

Rechtsanwälte Fuchs & Partner • Leipziger Straße 20 • 10117 Berlin
wenn nicht zustellbar, zurück!

Herrn
Simon Schwering
Duisburger Straße 21
41460 Neuss

Ihr Ansprechpartner: Sabine Fuchs
Telefon: (030) 12345-67
Telefax: (030) 12345-68
E-Mail: s.fuchs@fuchs_partner.de
Internet: www.fuchs-und-partner.de

Datum: 2015-05-10

Firma Reifen Schulte/Schwering

Sehr geehrter Herr Schwering,

wir vertreten die rechtlichen Interessen der Firma Schulte. Zugunsten unserer Mandantin bestehen offene Forderungen in Höhe von 482,80 Euro.

Die Forderungen beruhen auf Leistungen vom 20.01.2015 mit Rechnung vom 21.01.2015.

Wir fordern Sie hiermit letztmalig außergerichtlich auf, die offenen Forderungen gegenüber unserer Mandantin zu begleichen.

Wir haben uns für die Erfüllung dieser Pflicht eine Frist bis zum

26. Mai 2015

notiert. Im Falle des fruchtlosen Fristablaufs werden wir unserer Mandantin empfehlen, unverzüglich gerichtliche Hilfe in Anspruch zu nehmen.

Darüber hinaus befinden Sie sich mit der Zahlung spätestens seit der Mahnung unserer Mandantin vom 20.02.2015 in Verzug. Sie haben daher ebenfalls die Kosten unserer Inanspruchnahme zu tragen.

Wir fordern Sie daher auf, den sich aus der beigefügten Kostenrechnung ergebenden Betrag in Höhe von netto 90,20 Euro ebenfalls bis spätestens zum 26. Mai 2015 auf eines unserer Konten zu überweisen.

Mit freundlichen Grüßen

Rechtsanwälte Fuchs & Partner

Sabine Fuchs

Sabine Fuchs

1 Aus welchem Grund beauftragt die Firma Reifen Schulte einen Rechtsanwalt?

2 Woraus setzen sich die zusätzlichen Kosten zusammen?

3 Welche Möglichkeit hat der Schuldner, sich gegen die aus seiner Sicht ungerechtfertigten Forderungen zu wehren?

Seite 283–287

4 Welche weiteren Maßnahmen können gegen den Schuldner im Rahmen des gerichtlichen Mahnverfahrens eingeleitet werden? Ergänzen Sie dazu die folgende Übersicht.

Gerichtliches Mahnverfahren

______	→	______	→	______

5 Warum verlangt ein Gläubiger vom Schuldner eine „Eidesstattliche Versicherung"?

______

______

______

6 Entscheiden Sie durch Ankreuzen, ob die folgenden Positionen gepfändet werden können.

Positionen	ja	nein
Löhne/Gehälter		
PC		
Handy		
Anspruch auf Sozialhilfe		
Kücheneinrichtung		

7 Bestimmen Sie den Zeitpunkt, wann die Schuld verjährt — **Datum**

a) Matthias hat die Rechnung eines Getränkemarktes vom 20. Juli 2013 am Ende des Jahres noch nicht bezahlt. ______

b) Herr Vogel hat am 1. September 2013 vor Gericht Schmerzensgeld in Höhe von 10 000 Euro zugesprochen bekommen. ______

c) Frau Reike hat die letzte Rate aus dem Verkauf eines Grundstücks, fällig am 7. Mai 2013, noch nicht erhalten. ______

d) Frau Schäfer kauft am 22.10.2012 eine neue Küche. Am 14.11.2012 und am 10.01.2013 leistet sie eine Teilzahlung von je 1 000 Euro. ______

e) Fleischermeister Schmaltz hat eine Forderung an den Kunden Flug. Rechnungsdatum: 20.07.2009. Am 20.12.2012, als Schmaltz das Geld einziehen will, wird er durch starkes Schneetreiben von der Außenwelt abgeschnitten. Am 02.01.2013, nach Ende des Schneechaos, sucht er Flug auf. ______ ______ ______

f) Der Holzgroßhändler König hat eine Forderung an den Schreinermeister Schweers. Rechnungsdatum: 15.06.2015 ______

Seite 283–287

8 Ergänzen Sie die Übersicht, indem Sie die folgenden Begriffe einsetzen:
3, 10, 30, Ende des Jahres, Entstehung des Anspruchs, Hemmung, höhere Gewalt, Mahnbescheid, Neubeginn, rechtskräftige Entscheidungen, Schuldanerkenntnis, Unterbrechung der Verjährung

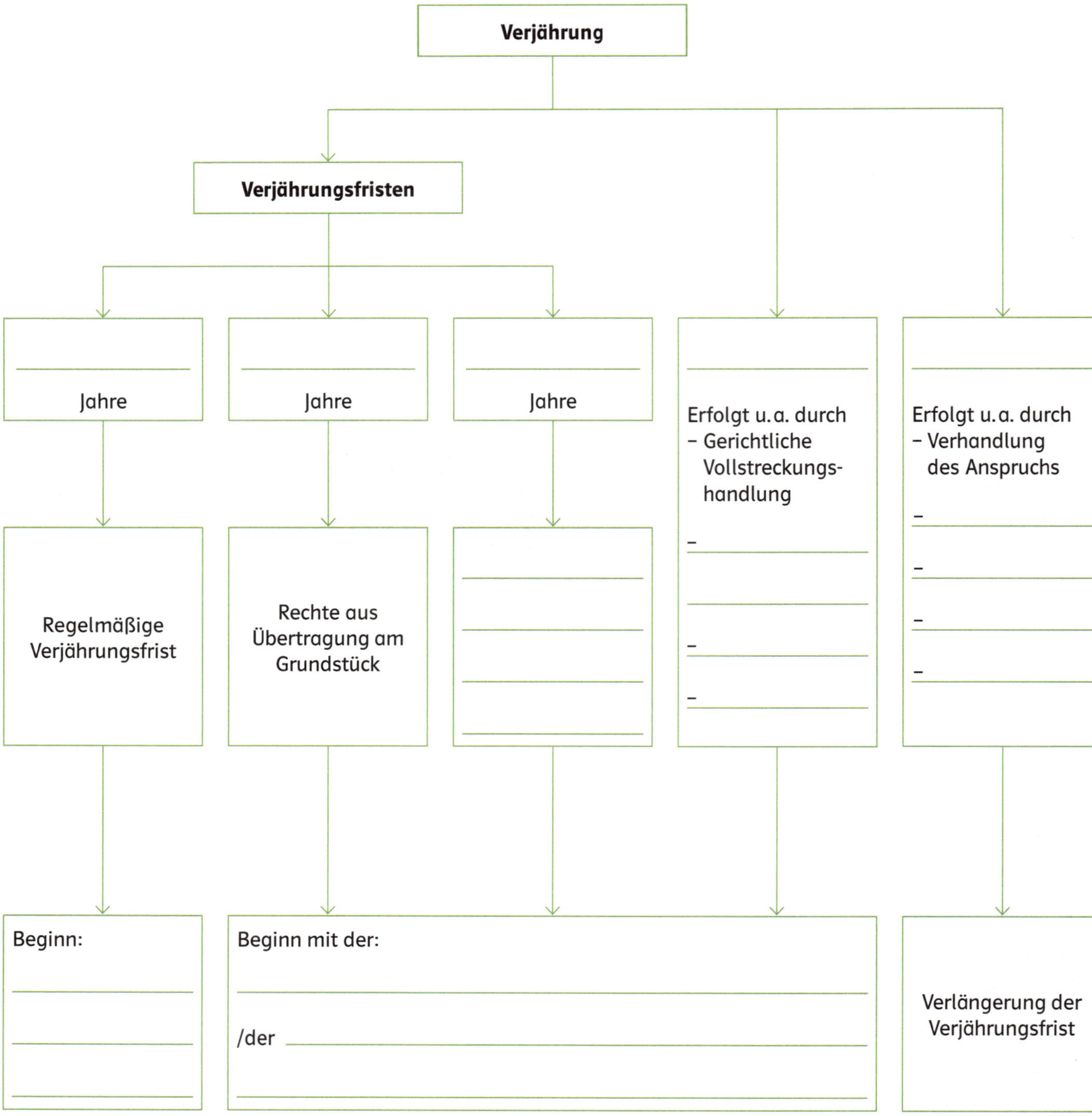

Seite 294–298

Rolle des Staates in der Wirtschaft

1 Vergleichen Sie anhand der folgenden Fragen die Wirtschaftsordnungen „Freie Marktwirtschaft" und „Zentralverwaltungswirtschaft". Ergänzen Sie die folgende Übersicht.

Freie Marktwirtschaft	Kriterien	Planwirtschaft
	Was sind die Handlungsmotive der Unternehmen?	
	Was sind die Handlungsmotive der Haushalte?	
	Wem gehören die Produktionsmittel?	
	Wer entscheidet, was, wie viel und wie etwas hergestellt wird?	
	Wie bilden sich Löhne?	
	Wie bilden sich Preise?	
	Wer entscheidet, was importiert und exportiert wird?	

2 Das Grundprinzip der Sozialen Marktwirtschaft lautet: „So viel Markt wie möglich, so viel Staat wie nötig".

a) Zählen Sie die Nachteile des freien Marktes auf.

b) Beschreiben Sie die Bedeutung des Wettbewerbs in der Marktwirtschaft.

Seite 294–298

c) In der Sozialen Marktwirtschaft greift der Staat mit verschiedenen Maßnahmen in das Wirtschaftsgeschehen ein. Ordnen Sie den staatlichen Maßnahmen den staatlichen Aufgabenbereich zu.

Staatliche Maßnahmen	Staatliche Aufgabenbereiche
Erhöhung des Kindergeldes	
Verbot umweltbelastender Stoffe	
Bau eines Krankenhauses	
Schaffung zusätzlicher Arbeitsplätze	
Wegen verbotener Preisabsprachen werden Bußgelder gegen die betroffenen Unternehmen verhängt.	
Unternehmen, die in Regionen mit hoher Arbeitslosigkeit investieren, erhalten steuerliche Vorteile.	
Steuerbefreiung für niedrige Einkommen	
Senkung des Renteneintrittsalters	

3 Die Finanzierung staatlicher Leistungen erfolgt überwiegend aus Steuereinnahmen.

Ergänzen Sie die Lücken im Text. Tragen Sie anschließend die folgenden Steuerarten in die Felder 1–4 ein. Jede Steuerart lässt sich jeweils zwei von den vier Feldern zuordnen.

Tabaksteuer – Einkommensteuer/Lohnsteuer – Kfz-Steuer – Hundesteuer – Grunderwerbsteuer – Mehrwertsteuer – Biersteuer

1. Direkte Steuern Der Steuerpflichtige kennt seine Steuerschuld und führt sie auch an das ____________ ab.	**2. ____________ Steuern** Diese sind im Endverkaufspreis enthalten. Sie werden vom Verbraucher bezahlt, aber vom Verkäufer an das Finanzamt abgeführt.
____________ ____________	____________ ____________
3. ____________ steuern werden auf bestimmte Verbrauchsgüter erhoben.	**4. Besitzsteuern beziehen sich auf das ____________ und Vermögen.**
____________ ____________	____________ ____________

Seite 299–303

Angebots- und nachfrageorientierte Wirtschaftspolitik

1 Ordnen Sie die folgenden Konjunkturindikatoren den Zielen des Stabilitätsgesetzes zu und überprüfen Sie, ob die vorgegebenen Ziele erreicht wurden.

Indikatoren	Preisstabilität	Angemessenes Wirtschaftswachstum	Vollbeschäftigung	Außenwirtschaftliches Gleichgewicht	Erreicht/ Nicht erreicht
Die Lebenshaltungskosten steigen um 1%.					
Das Bruttoinlandsprodukt ist um 1,3% gestiegen.					
Die Arbeitslosenquote liegt im Landesdurchschnitt bei 7,4%.					
Die Exporte haben gegenüber dem Import um 2% zugenommen.					

b) Erläutern Sie anhand eines Beispiels, warum man bei den Zielen staatlicher Wirtschaftspolitik vom „magischen Viereck" spricht.

2 Stellen Sie die Ursachen der Arbeitslosigkeit in den folgenden Fällen fest.

Arbeitslosigkeit	Ursache
a) Die schlechte gesamtwirtschaftliche Lage führt zu Umsatzeinbußen bei der Firma Meier. Es wird drei Mitarbeitern gekündigt.	
b) Frau Rieger arbeitet seit 15 Jahren als Bekleidungsschneiderin bei der Firma Minster. Wie bei allen anderen Unternehmen der Branche wird aus Kostengründen die Produktion ins Ausland verlagert. Frau Rieger findet in ihrem Beruf keine Anstellung mehr.	
c) Die Firma Marsch stellt Karnevalskostüme her. In der Zeit von Juli bis Dezember kann Peter bei der Firma arbeiten. Außerhalb dieser Zeit findet er keine Anstellung.	

3 a) Ergänzen Sie die folgende Tabelle

	2008	2009	2010	2011	2012	2013	2014
Nominallohn	+ 3,1	+ 0,1		+ 3,3	+ 2,5	+ 1,4	
Preissteigerungsrate	+ 2,6		+ 1,2		+ 2,0		+ 0,8
Reallohn		− 0,2	+ 1,5	+ 1,2		− 0,1	+ 1,6

Seite 299–303

b) Erläutern Sie die Bedeutung des Reallohns.

c) Bestimmen Sie wie das Statistische Bundesamt Preisveränderungen ermittelt.

d) Beschreiben Sie die Auswirkungen hoher Preissteigerungsraten für

Schuldner:

Sparer:

4 Beschreiben Sie die Veränderungen/Entwicklungen der aufgeführten Konjunkturindikatoren in den verschiedenen Konjunkturphasen.

Indikator	Tiefstand	Aufschwung	Hochkonjunktur	Abschwung
Zahl der Arbeitslosen	hoch		geringer Arbeitskräftemangel	
Preise		steigend		sinken
Unternehmensgewinne				
Löhne				
Aktienkurse				
Zahl der Unternehmensinsolvenzen				
Einschätzung der wirtschaftlichen Lage				
Konsumverhalten				

5 Bestimmen Sie, wie das Instrumentarium nachfrageorientierte Wirtschaftspolitik in Zeiten der Hochkonjunktur (Boom) und des Abschwungs (Rezession) sinnvoll eingesetzt werden sollte. Tragen Sie die Ergebnisse in die Übersicht ein.

Instrumente staatlicher Wirtschaftspolitik	Hochkonjunktur (Boom)	Abschwung (Rezession)
Ausgabenpolitik	Aufträge verringern	
Einnahmenpolitik		Steuern senken
Subventionspolitik		
Investitionsprogramme	einschränken	

Seite 299–303

6 Ordnen Sie die einzelnen Instrumente der Wirtschaftspolitik der nachfrage- bzw. angebotsorientierten Wirtschaftspolitik zu.

Instrumente	Nachfrageorientierte Wirtschaftspolitik	Angebotsorientierte Wirtschaftspolitik
Senkung der Lohnsteuer		
Verbesserung der Infrastruktur, Ausbau der Informationssysteme		
Staatliche Aufträge für Baufirmen		
Investitionszuschüsse für Unternehmen (beim Kauf einer neuen Maschine)		
Der Staat beteiligt sich finanziell an einem Forschungsprojekt.		
Haushalte erhalten eine Prämie beim Kauf eines neuen Autos (Abwrackprämie).		
Die Bundesländer investieren mehrere Milliarden Euro in das Schul- und Hochschulwesen.		
Der Staat senkt die Beiträge zu den Sozialversicherungen, um die Lohnnebenkosten zu verringern.		

7 Lösen Sie das Rätsel. Die Erläuterungen helfen Ihnen dabei. Die grünen Felder zeigen das Lösungswort.

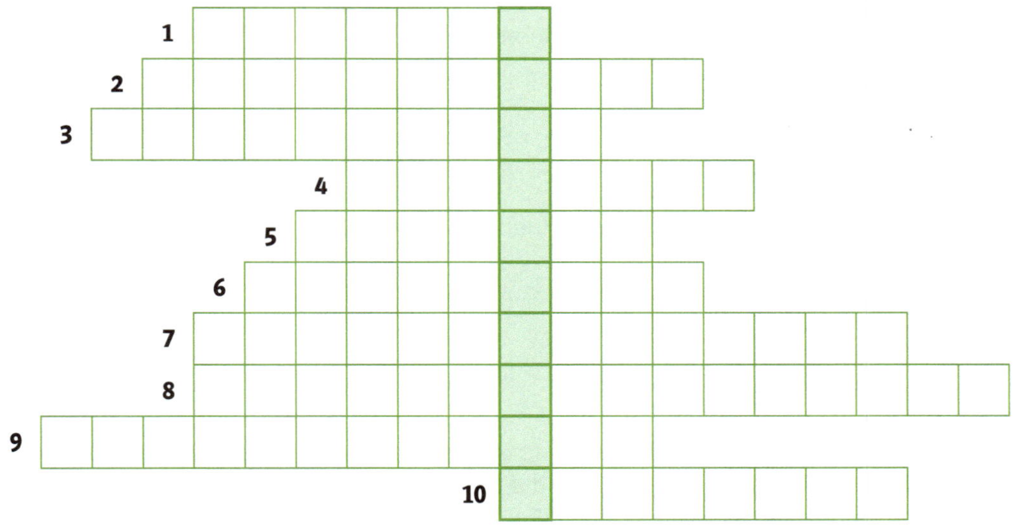

1. Die Ziele staatlicher Wirtschaftspolitik bezeichnet man als „Magisches …“
2. Sie beschreiben die einzelnen Phasen der Konjunktur
3. Folgt nach dem Tiefstand
4. Unternehmen und Haushalte bezeichnet man als Wirtschafts ______________.
5. Investitionen in diesen Bereich sind notwendig, damit ausreichend qualifizierte Arbeitnehmer zur Verfügung stehen.
6. Wirtschaftsschwankungen, die meist jährlich wiederkehrend, kurzfristig bestimmte Branchen betreffen, bezeichnet man als ______________ Schwankungen.
7. Wenn der Staat sich entgegengesetzt zum Konjunkturverlauf verhält, spricht man von einem ______________ Verhalten.
8. Gehört zu den Zielen der Wirtschaftspolitik
9. Gehört zu den weiteren Zielen der Wirtschaftspolitik
10. Drückt die tatsächliche Kaufkraft des Nettolohns aus

Seite 304–307

Bedeutung des Bruttoinlandsprodukts

1 An der Erarbeitung des Bruttoinlandsproduktes wirken Betriebe aus den Bereichen Produktion, Dienstleistung und Handel mit.

a) Ordnen Sie die einzelnen Betriebe den Bereichen zu.

Betriebe	Produktionsbetriebe	Dienstleistungsbetriebe	Handelsbetriebe
Spedition			
Telefonhersteller			
Discounter			
Möbelhaus			
PKW-Hersteller			
Versicherung			
Brotfabrik			
KFZ-Werkstatt			
Schreinerei			

b) In welchen Fällen lässt sich die erbrachte Leistung einer Schreinerei dem Produktions- und wann dem Dienstleistungsbereich zuordnen?

Produktion: ______________________________

Dienstleistung: ______________________________

c) Worin unterscheiden sich Betriebe des Handwerks von denen der Industrie?

____

____

2 Ein Bauer verkauft (ohne Vorleistung) eine bestimmte Menge Weizen für 100 € an die Genossenschaft. Die wiederum verkauft die Menge zum Preis von 120 € an die Großmühle. Das daraus produzierte Mehl wird für 180 € von einer Brotfabrik erworben. Die Brotfabrik verkauft die aus dem Mehl und durch Inanspruchnahme zusätzlicher Vorleistungen in Höhe von 60 € hergestellten Brote für 320 € an den Lebensmitteleinzelhandel. Die Verbraucher zahlen insgesamt 400 €.
Ermitteln Sie die Wertschöpfung der einzelnen Unternehmen.

Unternehmen	Produktionswert (€)	Vorleistung (€)	Wertschöpfung (€)
Landwirt			
Genossenschaft			
Großmühle			
Brotfabrik			
Einzelhändler			
gesamt			

Seite 304–307

3 Die Tabelle unten zeigt das Bruttoinlandsprodukt pro Kopf in verschiedenen Ländern.

Better Life Index

Vergleich der Lebensqualität in den 34 OECD-Staaten
Basis: 11 Kategorien, Bewertung auf einer Skala von 1 bis 10 Punkten

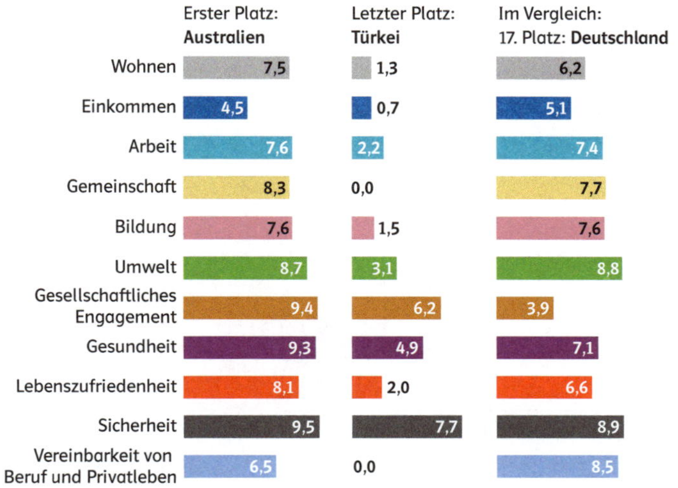

Quelle: OECD (Better Life Index 2013) © Globus 5763

OECD-Länder mit dem größten Bruttoinlandsprodukt (BIP) pro Kopf (2013, in US$)	
Luxemburg	110 423
Norwegen	100 318
Schweiz	81 324
Australien	64 863
Dänemark	59 190
Schweden	57 909
USA	53 101
Kanada	51 990
Österreich	48 956
Niederlande	47 633
Finnland	47 129
Irland	45 535
Belgien	45 384
Deutschland	45 000
Frankreich	43 000

Quelle: www.statista.com

a) Was versteht man unter dem Bruttoinlandsprodukt?

b) Warum gilt das Bruttoinlandsprodukt als Wohlstandsmesser?

c) Was ist die Kritik am Bruttoinlandsprodukt als Wohlstandsformel?

4 a) Die OECD misst auf der Basis von elf Kategorien die Lebensqualität. Nehmen Sie eine eigene Bewertung vor, indem Sie eine Rangfolge aufstellen.

Wohnen		Einkommen		Arbeit		Gemeinschaft		Bildung	
Umwelt		Gesellschaftliches Engagement		Gesundheit					
Lebenszufriedenheit		Sicherheit		Vereinbarkeit von Beruf und Privatleben					

Seite 308–312

Herausforderungen durch globale Konkurrenz

1 Ordnen Sie die folgenden Standortfaktoren in das unten stehende Schema zur wirtschaftlichen Globalisierung ein:
Arbeitskosten – Erschließung von Märkten – Nähe zum Kunden – Nähe zu Zulieferbetrieben – politische Stabilität – Preise für Energie, Rohstoffe, Vorprodukte – Produktivität der Arbeitskräfte – Qualifikation der Arbeitskräfte – Qualität der Transportwege – Rechtssystem: Rechte von Eigentümern, Arbeitgebern, Arbeitnehmern – sichere Datennetze – sichere Energieversorgung – Stückkosten – Transportkosten – Verfügbarkeit von Arbeitskräften – Zölle

Kosten

Arbeitskräfte

Wirtschaftliche Globalisierung

Infrastruktur

Staatliche Rahmenbedingungen

Marktnähe

Seite 308–312

2 a) Nennen Sie die vier Staaten, aus denen ein deutscher Textilhändler am günstigsten Anzüge importieren kann.

1. ______________________

2. ______________________

3. ______________________

4. ______________________

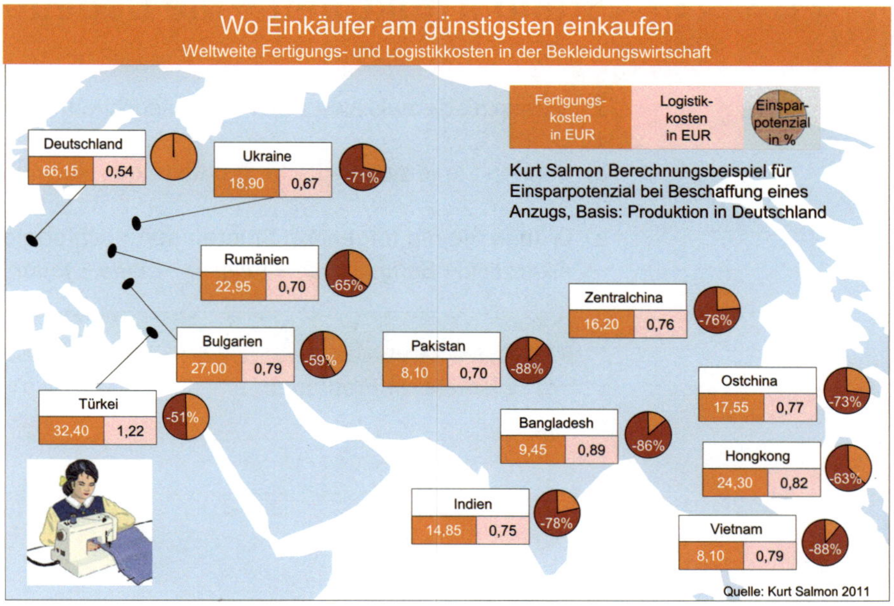

b) Nennen Sie am Beispiel der Textilindustrie je eine Folge der Globalisierung in der Dritten Welt und in Deutschland.

Folge in der Dritten Welt:

____

____

Folge in Deutschland:

____

____

3 Beantworten Sie anhand der Tabelle „Außenhandel Deutschlands" (S. 311) die folgenden Fragen:

a) Definieren Sie die Begriffe Import und Export.

Import: ____

Export: ____

b) Vergleichen Sie die Gesamtsumme der deutschen Importe und Exporte im Jahr. Was fällt auf?

____

c) Wie bewerten Sie diese Tatsache?

____

____

d) Viele Warengruppen tauchen sowohl bei den Importen als auch bei den Exporten auf. Stellen Sie für vier dieser Warengruppen fest, ob der Import oder der Export überwiegt.

______________________ Es überwiegt ______________.

______________________ Es überwiegt ______________.

______________________ Es überwiegt ______________.

______________________ Es überwiegt ______________.

Seite 313–316

Standortfaktoren – die Bedeutung der Lohnkosten

1 Unterschiede zwischen Hoch- und Niedriglohnländern:

a) Nennen Sie je zwei typische Produkte aus Hochlohn- bzw. Niedriglohnländern.

b) Ordnen Sie die folgenden Staaten den Hochlohnländern bzw. den Niedriglohnländern zu:
Australien – Bangladesch – Belgien – China – Japan – Moldawien – USA – Vietnam

Hochlohnländer	Niedriglohnländer
a) Beispiele für Produkte: 1. ____________ 2. ____________	a) Beispiele für Produkte: 1. ____________ 2. ____________
b) Beispiele für Staaten: 1. ________ 3. ________ 2. ________ 4. ________	b) Beispiele für Staaten: 1. ________ 3. ________ 2. ________ 4. ________

2

Produktivität: Großbritannien fällt zurück

Die Produktivität der Wirtschaft in Großbritannien ist immer noch niedriger als vor Beginn der Finanzkrise 2008, anders als in allen anderen großen Industriestaaten. Franzosen und Deutsche könnten jeden Freitag frei nehmen und würden immer noch mehr produzieren als die Briten, denn die Produktivität ist bei ihnen um ein Viertel höher.
Auf der anderen Seite sind die britischen Löhne ein Drittel niedriger als in Frankreich und Deutschland. Seit 2007 sind sie real um 8 Prozent gesunken. In der Krise haben britische Unternehmen kaum entlassen, aber die Löhne gesenkt. Von den Mitgliedstaaten der EU-15 (vor den Erweiterungen der EU seit 2004) sind die Löhne nur in Griechenland und Portugal niedriger. Für die Unternehmen in Großbritannien bedeutet das: Investitionen in neue Technologien lohnen sich oft nicht. Sie sind teurer als die Beschäftigung weiterer Arbeitskräfte.

Autorentext nach: The Economist vom 14.03.2015, S. 30–31

a) Ermitteln Sie, ob die Produktion in Großbritannien nach diesen Zahlenangaben billiger oder teurer ist als in Frankreich oder Deutschland. Rechenschema:

- Lohnkosten: GB = 100 % F und D = ______ %
- Produktivität: GB = 100 % F und D = ______ %
- Lohnstückkosten (Lohnkosten : Produktivität): GB = 100 % F und D = ______ %

Ergebnis: ____

____

b) Nennen Sie zwei Probleme, die die beschriebene Situation in Großbritannien mit sich bringt.

1. ____

____

2. ____

____

Seite 317–320

Betriebsverlagerung

1 a) Welche Rolle spielt der Standort Deutschland für die Bayer AG?
Nutzen Sie dazu die Tabelle und die Karte.

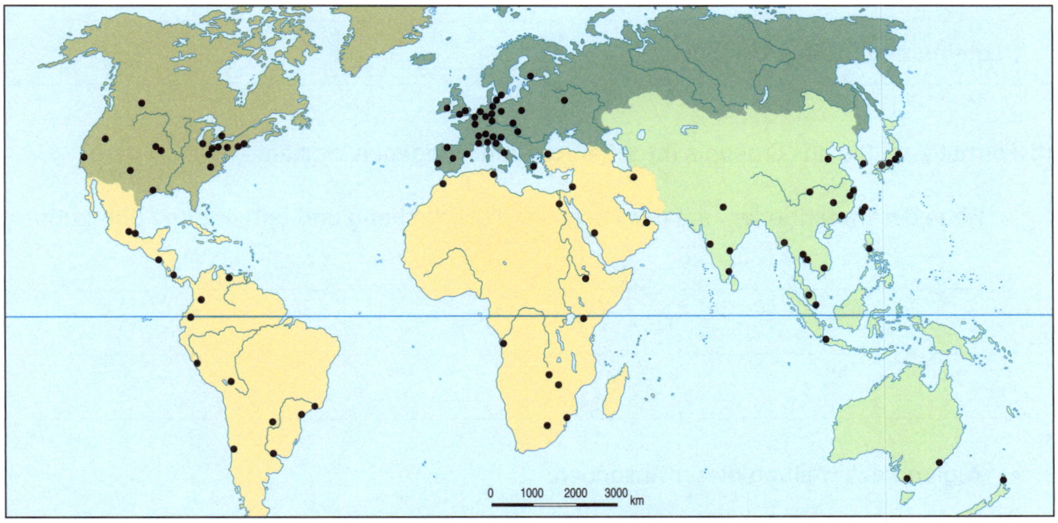

Wichtige Standorte der Bayer AG, Leverkusen, einem Konzern mit den Schwerpunkten Gesundheit (z. B. Pharma), Agrarwirtschaft und Polymer-Werkstoffe

Daten zur Bayer AG

Weltregion*	Mitarbeiter	Umsatz	Investitionen	Ausgaben für Forschung und Entwicklung
Europa mit Russland *davon Deutschland*	55 200 *35 800*	15,8 Mrd. € *5,0 Mrd. €*	1 289 Mio. €	2 444 Mio. €
Nordamerika	16 300	10,3 Mrd. €	641 Mio. €	876 Mio. €
Asien/Pazifik	30 500	9,1 Mrd. €	403 Mio. €	195 Mio. €
Lateinamerika/ Afrika/Nahost	16 900	7,1 Mrd. €	157 Mio. €	59 Mio. €

* Die Regionen sind in der Karte in unterschiedlichen Farben dargestellt. – Alle Zahlen gerundet, Stand Ende 2014
Geschäftsbericht 2014, S. 219 und www.bayer.de/de/bayer-in-aller-welt.aspx

b) Inwieweit stimmt die Aussage, dass Bayer in den Regionen die meisten Mitarbeiter hat, in denen das Unternehmen den höchsten Umsatz erzielt? Begründen Sie anhand der Daten.

Seite 321–325

c) Untersuchen Sie die Investitionen und die Ausgaben für Forschung und Entwicklung: Berechnen Sie, wie viel Bayer pro Mitarbeiter in den einzelnen Regionen investiert und für Forschung und Entwicklung ausgegeben hat.

Weltregion	Investitionen je Mitarbeiter	Ausgaben für Forschung und Entwicklung je Mitarbeiter
Europa mit Russland	________ €	________ €
Nordamerika	________ €	________ €
Asien/Pazifik	________ €	________ €
Lateinamerika/Afrika/Nahost	________ €	________ €

d) Formulieren Sie das Ergebnis Ihrer Berechnung in eigenen Worten:

- Höhe der Investitionen und der Ausgaben für Forschung und Entwicklung überhaupt:

- Regionale Verteilung dieser Ausgaben:

Leben, lernen und arbeiten im Ausland

1 a) Nennen Sie drei Staaten, die für Sie persönlich bei einem Auslandsaufenthalt während oder nach der Ausbildung attraktiv sind.

b) Begründen Sie in Stichworten Ihre Wahl.

Seite 321–325

c) In welchen dieser Staaten gilt

- die Europäische Sozialcharta?

____

- die Charta der Grundrechte der Europäischen Union?

____

d) Nennen Sie zwei Hilfestellungen, die Ihnen die Europäische Union gibt, wenn Sie in einem anderen EU-Staat arbeiten oder Teile Ihrer Ausbildung absolvieren möchten.

1. ______________________________

2. ______________________________

e) Nennen Sie drei Rechte für Arbeitnehmer in der Europäischen Sozialcharta.

1. ______________________________

2. ______________________________

3. ______________________________

f) Warum bietet die Charta der Grundrechte der Europäischen Union einen besseren Schutz als die Europäische Sozialcharta?

____

____

2 Lösen Sie das Rätsel. Lösungswort: Ziel der EU, das durch die Förderprogramme erreicht werden soll.

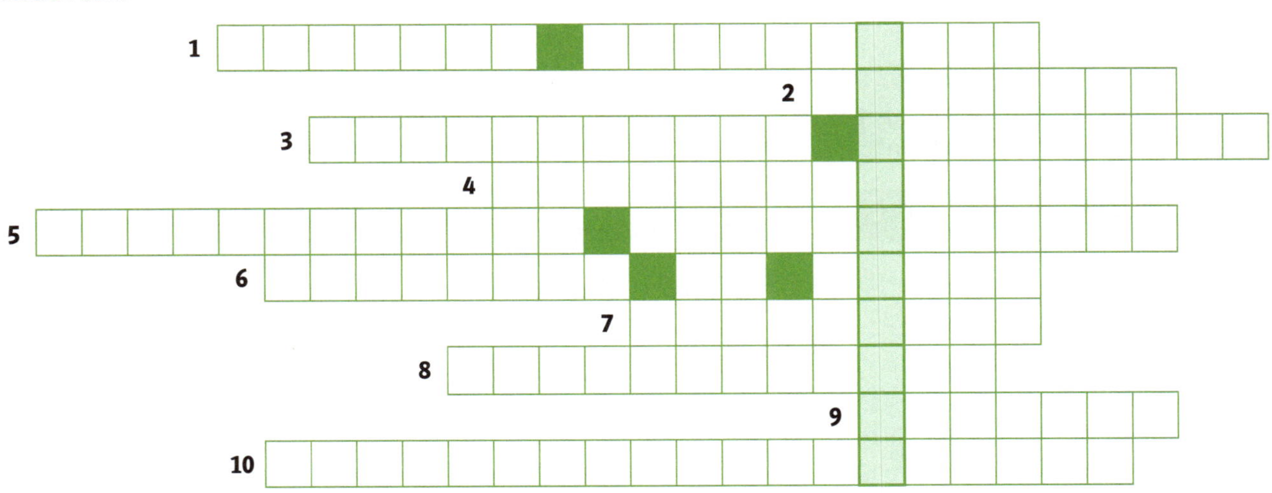

1. Element des Europasses für Hochschulabsolventen
2. Programm der EU für Schulen
3. Eines der Grundrechte für Arbeitnehmer in der Europäischen Sozialcharta
4. Freie Wahl des Wohnsitzes und Arbeitsplatzes für EU-Bürger
5. In ihr sind die Rechte der Bürger in den Mitgliedstaaten des Europarats geregelt
6. Programm der EU für berufliche Bildung
7. Programm der EU für Erwachsenenbildung
8. Element des Europasses zur Selbsteinschätzung der Fremdsprachenkenntnisse
9. Programm der EU für Hochschulbildung
10. Element des Europasses zur Erläuterung von Berufsabschlüssen

Ä = AE   Ü = UE

Seite 332–335

Personalbedarf und Personalbeschaffung

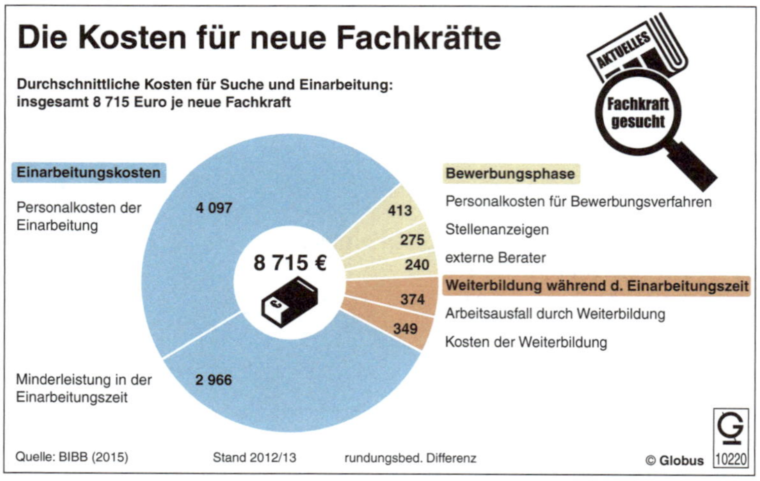

1 Die Kosten für die Einstellung einer neuen Fachkraft sind hoch.

a) Wie gehen Unternehmen bei der Suche nach neuen Mitarbeitern vor?

b) Wie können Stellen intern besetzt werden?

c) Mit Hilfe welcher Auswahlverfahren lässt sich die Wahl des richtigen Bewerbers feststellen?

d) Stellen Sie die Vorteile der internen und der externen Personalbeschaffung gegenüber.

Interne Personalbeschaffung	Externe Personalbeschaffung

2 Ordnen Sie die folgenden Begriffe den einzelnen Positionen der Stellenbeschreibung zu:
Vertretungsregelung – Zielsetzung der Stelle – Informationspflicht gegenüber dem Vorgesetzten – Stelleninhaber ist unterstellt – Aufgaben – Stelleninhaber ist überstellt

Bezeichnung	Polier für den Bereich Hochbau
	dem Leiter des Baubüros
	den im Hochbau arbeitenden Maurern, Putzern und Einschalern
	Polier Tiefbau, Baubüroleiter
	Ausführen von Bau- und Abrechnungsarbeiten, selbstständige Leitung einfacher Bauausführungen, …
	Angebote für Bauaufträge erstellen, Material- und Personaleinsatzplanung, …
	Probleme mit dem Bereich Material- und Personaleinsatz, Rationalisierungsmöglichkeiten, …

Seite 336–340

Arbeitsbewertung und Lohnformen

1 Ordnen Sie die folgenden Aussagen den drei Lohnformen zu.

	Zeit-lohn	Akkord-lohn	Prämien-lohn
a) Entlohnung ist vom individuellen Leistungswillen abhängig.			
b) Einfache Lohnabrechnung			
c) Die Qualität der Arbeit ist besser.			
d) Arbeitnehmer empfinden mehr Lohngerechtigkeit.			
e) Verbesserungsvorschläge werden belohnt.			
f) Stress und Leistungsdruck werden vermieden.			
g) Ausschussquoten werden niedriger, die Maschinenlaufzeit erhöht sich, mehr Material wird eingespart.			

2 Lösen Sie das Rätsel. Die Erläuterungen helfen Ihnen dabei. Die unterlegten Felder zeigen das Lösungswort.

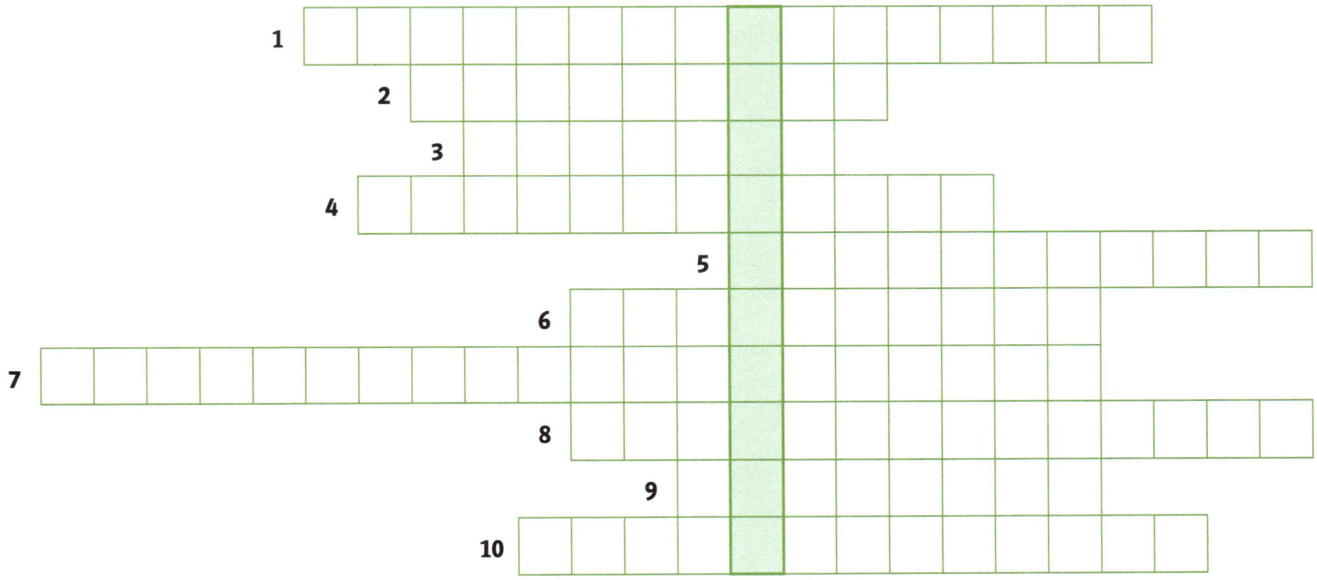

1. Lohn wird pro gefertigtem Teil festgelegt.
2. Dieser Lohn setzt sich aus dem Mindestlohn und dem Akkordzuschlag zusammen.
3. Grundlage der Tarifvertragsverhandlungen ist eine Lohngruppe oder der ______________.
4. Diese Lohnform wird häufig bei Gruppenarbeit oder im Verkaufsbereich angewandt.
5. Ein Faktor bei der analytischen Arbeitsbewertung
6. Arbeitnehmer werden bei dieser Lohnform nach ihrer Leistung bezahlt.
7. Dieses Verfahren findet bei der summerischen Arbeitsplatzbewertung Anwendung.
8. Die von einem Arbeitnehmer zu erbringende Leistung, um den Grundlohn zu erhalten
9. Lohnform, bei der die genaue Bewertung der Arbeitsleistung nicht möglich ist.
10. Ein weiterer Faktor der analytischen Arbeitsbewertung

Seite 341–344

Arbeiten im Team

In der Messgeräte-Fertigung der IBKW GmbH sollen die Fertigungszeiten in der Produktion verringert werden. Nun geht es um die Zusammensetzung des Teams, das ein technisches Konzept zur Umsetzung dieses Ziels entwickeln soll. Der kaufmännische Bereichsleiter, Herr Gassner, hat deshalb Herrn Maute bestellt, der als Techniker seit vielen Jahren die Endkontrolle der Geräte verantwortet.
Herr Gassner: Vor allem muss jemand ins Team, der an die Kosten denkt. Ich denke da an Herrn Arnold. Sie kennen ihn noch nicht – ein Betriebswirt mit unkonventionellen Ideen.
Herr Maute: Wissen Sie, ich sehe das Ganze mehr von der technischen Seite. Unsere Kunden kennen die Qualität unserer Geräte. Wir dürfen unseren guten Namen nicht leichtfertig aufs Spiel setzen.
Herr Gassner: Wenn man Sie so hört, dann wollen Sie am liebsten gar nichts ändern.
Herr Maute: So meine ich das nicht. Aber wenn nachher die Qualität nicht stimmt, werde ich dafür verantwortlich gemacht.
Herr Gassner: Deswegen wollen wir das ja im Team angehen. Ich habe schon eine Liste mitgebracht.
Herr Maute: Das geht mir ein wenig zu schnell. Und überhaupt: Wer soll das Team leiten?

1 a) Charakterisieren Sie in Stichworten den Führungsstil von Herrn Gassner.

b) Stellen Sie die Interessen von Herrn Gassner und Herrn Maute einander gegenüber.

Herr Gassner	Herr Maute

c) Welche Personen und Funktionen müssen Ihrer Ansicht nach in diesem Team vertreten sein? Gehen Sie von den verschiedenen Teamtypen aus.

d) Nennen Sie vier Bedingungen, die vor dem Arbeitsbeginn dieses Teams geklärt werden müssen.

1. ______ 3. ______

2. ______ 4. ______

Seite 341–344

2 In einem Team nimmt jeder unterschiedliche Rollen ein.

a) Welche der folgenden Überlegungen passt eher zur Rolle eines Teamleiters, welche eher zur Rolle eines Teammitglieds? Welche Überlegungen passen zu beiden? Kreuzen Sie an.

b) Ordnen Sie diese Überlegungen, soweit möglich, den vier Phasen der Teamuhr zu.

	Team-leiter	Team-mitglied	Teamuhr Phase
1. Die Arbeit im Team muss sinnvoll verteilt werden.			______ Phase
2. Ich muss darauf achten, dass meine Arbeitsbelastung nicht zu groß wird.			______ Phase
3. Welchen Nutzen hat die Arbeit hier für meine Karriere?			______ Phase
4. Wir müssen schauen, dass wir mit möglichst wenigen Sitzungen hinkommen.			______ Phase
5. Wenn Herr Schäfer weiter so stänkert, müssen wir ihn aus dem Team rausnehmen.			______ Phase
6. In vier Wochen müssen wir erste Ergebnisse vorlegen.			______ Phase
7. Wenn das Projekt scheitert, will ich meinen Kopf nicht hinhalten.			______ Phase
8. Hauptsache, ich muss nicht mit Frau Koschwitz zusammenarbeiten.			______ Phase

3

Die Geschichte von den drei Maurern

Ein Mann kommt an eine Baustelle, auf der drei Maurer sehr fleißig arbeiten. Äußerlich ist zwischen ihnen kein Unterschied zu erkennen. Er geht zum ersten und fragt: „Was tun Sie da?“ Der schaut ihn verdutzt an und sagt: „Ich verdiene hier meinen Lebensunterhalt.“ Er geht zum zweiten, fragt ihn dasselbe. Dieser schaut ihn mit glänzenden Augen sichtbar stolz an und sagt: „Ich bin der beste Maurer im ganzen Land.“ Dann geht er zum dritten und stellt ihm dieselbe Frage. Dieser denkt einen kurzen Moment nach und sagt dann: „Ich helfe hier mit, eine Kathedrale zu bauen …“

zit. nach Fredmund Malik: Führen, leisten, leben, München 2001, S. 88 f.

a) Vergleichen Sie die Einstellung, die die einzelnen Maurer zu ihrer Arbeit haben.

Erster Maurer	Zweiter Maurer	Dritter Maurer

b) Welcher der drei Maurer ist Ihrer Ansicht nach die beste Führungskraft? Begründen Sie.

Seite 345–349

Umgang mit Konflikten

1 Kreuzen Sie an, welche der folgenden Aussagen zu Konflikten im Betrieb zutreffen.

a) Konflikte im Betrieb haben meist private Ursachen. ☐

b) Betriebliche Konflikte können meist nur auf der Sachebene geklärt werden. ☐

c) Über Konflikte soll man möglichst wenig reden. ☐

d) Konflikte im Betrieb müssen so gelöst werden, dass es nur Gewinner gibt. ☐

e) Mobbing am Arbeitsplatz ist unvermeidlich. ☐

f) Bei Verteilungskonflikten gibt es immer Gewinner und Verlierer. ☐

g) Sachliche Kritik wird oft persönlich genommen und führt zu kaum lösbaren Konflikten. ☐

h) Die meisten Probleme bei Konflikten macht das, was niemand ausspricht. ☐

i) Konflikte können am leichtesten durch den Chef geregelt werden. ☐

j) Wenn sich alle an die Regeln halten, gibt es weniger Streit. ☐

k) Mobbing kann ein Mittel im Konkurrenzkampf um die besseren Posten sein. ☐

l) Die Beziehungsebene ist bei Streit am Arbeitsplatz oft die wichtigere. ☐

2 Helfen Sie bei der Urlaubsplanung.

Seit Montag 10 Uhr hängt der Urlaubsplan für das kommende Jahr aus, und die sechs Mitarbeiter in der Abteilung können sich eintragen. Schon am Dienstag ist dicke Luft. Der Grund: Für die erste Hälfte der Sommerferien haben sich vier Kollegen eingetragen, obwohl klar ist, dass nie mehr als zwei gleichzeitig in Urlaub gehen können. Im September und Oktober ist der Plan dagegen völlig leer. Jetzt stehen alle vor dem Plan und giften sich gegenseitig an.

Frau Keller: „Stellen Sie sich doch nicht so an. Wir gehen immer in der ersten Ferienhälfte."

Frau Schuler: „Ich muss mich nach den Kindergartenferien richten.
An uns alleinerziehende Mütter denkt wieder niemand."

Herr Rantonov: „So eine Sauerei! Kaum hängt der Plan, sind die guten Termine weg!"

Herr Moersch: „Tut mir leid, meine Frau hat schon gebucht."

Frau Burkhardt: „Ich habe letztes Jahr verzichtet. Diesmal sollen andere dran glauben."

Herr Rapp: „Im Norden ist es im September schon zu kalt."

a) Beschreiben Sie den Konflikt auf der Sachebene.

____

____

____

____

Seite 345–349

b) Beschreiben Sie die Aussagen der Mitarbeiter im Urlaubsstreit.
Unterscheiden Sie dabei zwischen der Sach- und der Beziehungsebene.

	Sachebene	Beziehungsebene
Frau Keller		
Frau Schuler		
Herr Rantonov		
Herr Moersch		
Frau Burkhardt		
Herr Rapp		

c) Wessen Argumente zählen Ihrer Ansicht nach mehr als die der anderen?
Vergleichen Sie mit Ihrer Antwort zu b) und begründen Sie.

d) Machen Sie einen Vorschlag zur Urlaubsverteilung im laufenden Jahr.

e) Schlagen Sie eine Regelung für die Zukunft vor.

Beispiel für eine Reklamation

Tamara Tan
Bahnhofstraße 10
85609 München
Tel.: 080 7432679
E-Mail: ttan@mail.de

Einschreiben
FeverAway Reisen
Herrn Fever
Am Bavariapark 19
80339 München

2015-08-27

Rundreise nach Mali, Reise-Nr. YSE 2964

Sehr geehrter Herr Fever,

ich habe bei Ihnen am 1. Februar 2015 eine Mali-Rundreise gebucht. Diese sollte laut Katalog vom 12. bis 26. August 2015 stattfinden. Anstelle der gebuchten Rundreise war ich 14 Tage im Beach Hotel ohne Besuchsprogramm untergebracht, da nach Auskunft der Reiseleitung kein Reisebus vor Ort verfügbar war. Ich bitte Sie deshalb, mir die Kosten für die ausgefallene Rundreise in Höhe von 1539 Euro zu erstatten.
Überweisen Sie also **1539 Euro bis zum 26. September 2015** auf mein Konto bei der

AZP Bank München,
IBAN DE52 3710 4910 0156 4380 80

Mit freundlichen Grüßen

Tamara Tan

Anlagen
Kopie der Reiseunterlagen
Bestätigung der Reiseleitung vor Ort